经济政治与社会

主　编　曾海娟
副主编　张学军　陈　岚
参　编　张以清　顾　铉　陈　婷

北京理工大学出版社
BEIJING INSTITUTE OF TECHNOLOGY PRESS

内容简介

《经济政治与社会》是严格按照教育部最新颁布的《中等职业学校德育课课程教学大纲》的《经济政治与社会教学大纲》编写而成的中职学校德育教材。《经济政治与社会》在编写过程中坚持贯彻素质教育精神，具有明确的德育功能。旨在通过对学生进行经济基础知识的教育，使学生明确我国社会主义市场经济的所有制基础和社会主义市场经济的基本特征，了解我国进行经济建设的基本方针和政策；能够初步分析和说明常见的社会经济现象，提高参与社会经济活动的能力；在今后的职业活动中，能够自觉规范自己的经济行为，积极投身到社会主义经济建设中去。通过对学生进行政治基础知识的教育，使学生了解我国社会主义的基本政治制度，了解我国民族、宗教、外交方面的基本政策；能够正确分析常见的社会政治现象，提高参与社会政治活动的能力；在今后的职业活动中，能坚持正确的政治方向，增强民主意识，积极参与社会主义民主政治建设。

图书在版编目（CIP）数据

经济政治与社会 / 曾海娟主编 . —北京：北京理工大学出版社，2019.7 重印
ISBN 978-7-5682-3769-7

Ⅰ . ①经…　Ⅱ . ①曾…　Ⅲ . ①中国经济 – 经济建设 – 中等专业学校 – 教材 ②政治 – 中国 – 中等专业学校 – 教材　Ⅳ . ① F124 ② D6

中国版本图书馆 CIP 数据核字（2017）第 042238 号

出版发行 / 北京理工大学出版社有限责任公司
社　　址 / 北京市海淀区中关村南大街 5 号
邮　　编 / 100081
电　　话 /（010）68914775（总编室）
（010）82562903（教材售后服务热线）
（010）68948351（其他图书服务热线）
网　　址 / http：//www.bitpress.com.cn
经　　销 / 全国各地新华书店
印　　刷 / 北京信彩瑞禾印刷厂
开　　本 / 710 毫米 ×1000 毫米 1/16
印　　张 / 13.5
字　　数 / 222 千字
版　　次 / 2019 年 7 月第 1 版第 5 次印刷
定　　价 / 32.80 元

责任编辑 / 张荣君
文案编辑 / 张荣君
责任校对 / 周瑞红
责任印制 / 边心超

图书出现印装质量问题，请拨打售后服务热线，本社负责调换

前言 Preface

做一个高素质的现代公民（代前言）

当今中国正在中华民族伟大复兴的征途上阔步向前，中华民族的伟大复兴理所当然地包含人的素质的提升。人的素质体现在人的日常生活中，人在不同的情境中生活，需要有不同的知识和技能，需要不同的素养。人们的社会生活中存在着各种各样的关系，其中经济利益关系是最根本的关系；作为经济集中表现的政治，对经济的发展有巨大影响；当今世界是一个开放的世界，因此人们生活中的经济和政治关系也体现在国与国之间。本教材的设计思路就分为三个专题：公民看政治、公民看经济、公民看国际。

通过对公民看政治的专题的探究学习，了解我国的国体和政体，我国政府是为人民服务的政府，有中国特色的社会主义民主政治。帮助我们进一步认识现实生活中政治现象，在获得相关政治知识的同时，提升参与政治生活的素养和能力，培养现代公民意识和国家观念，更好地参与民主选举、民主决策、民主管理和民主监督。尤为重要的是，明确人民民主专政的国家性质，理解中国特色的社会主义政治制度，感悟中国共产党在国家中的地位和作用，坚信中国共产党是中国特色社会主义事业的领导核心，要发展社会主义民主政治必须坚持党的领导、人民当家做主和依法治国的统一，这是中国特色社会主义发展道路的鲜明特色和优势。

通过对公民看经济的专题的探究学习，我们可以认识现实经济生活中的常见现象，获得参与现代经济生活的必要知识和技能。了解价格和消费、投资与就业，了解我国收入分配制度，知道社会主义市场经济的特点。更为重要的是，在探究学习的过程中能正确地看待金钱，养成正确的消费观，懂得诚信的意义和价值，树立竞争意识、公平意识和法治意识。在提升自己经济素养的同时深切感悟解放和发展生产力是建设中国特色社会主义的根本任务，以经济建设为中心是兴国之要，科学发展观是经济持续健康发展的思想保证。

通过对公民看世界的专题的探究学习，本着“立足中国，放眼世界”的要求，我们可以了解当今世界的两大主题是和平和发展，经济全球化和世界多极化进一步发展，为适应这个趋势，我们国家实施积极的对外开放政策，高举和平、发展、合作、共赢的旗帜，积极参与国际事务，在联合国和其他国际组织中发挥重要的建设性作用，懂得我们应以开放的心态观察和应对国际上的风云变幻。

本书从学生的角度设置多种话题，每个话题针对学生成长中遇到的各种问题展开讨论，既有知识的呈现，也有问题的探究；既有正面的引导，也有多角度的思考。力求做到以人为中心，以知识为支撑，突出思想观点教育；力求淡化对相关学科知识的概念化要求，淡化对知识的标准化识记，强调在生活中运用知识、活化知识。希望逐渐走向成熟的青少年学习和积累相关的知识和技能，不断提高面向未来社会的工作和生活能力，做一个高素质的现代公民。

由于编者自身的知识水平所限，本书难免存在这样那样的错误，希望老师和同学在使用这一教材的过程中发现问题及时告知我们，帮助我们进一步完善。

目 录 Contents

第一篇 公民看政治

第二篇 公民看经济

第三篇　公民看世界

第一篇　公民看政治

话题一　享受民主生活的公民

政治生活是人们重要的生活领域，它与经济生活、文化生活共同构成了我们的社会生活。作为中华人民共和国公民和当代青年，积极参与社会政治生活，既是宪法赋予我们的权利和义务，也是民主意识、法制观念和人生观、价值观的实际体现。本话题着重就我们如何参与社会民主生活，了解宪法规定的公民权利与义务，怎样依法有序地行使民主生活中的各项权利展于讨论，以使我们对民主的含义、民主权利的基本分类与构成、行使民主权利和义务的途径等有一个比较清晰理性的认识。

一、自觉参与政治生活

探究与共享

在下面这组镜头中，我们可以看到，中学生正在以不同的方式参与政治生活。

镜头一：某中学校门口上下学时，总是挤满了各种卖餐饮的流动摊位，给师生和其他人带来不便，也影响市容环境。几名学生找到当地的城市管理部门反映了这个情况，在城管的积极努力下流动摊位被取缔，学校门口又恢复了平静。

镜头二：他打开电脑，在世界杯足球赛的官方网站——美国雅虎网站上浏览，当看到中国队的资料时，惊奇地发现其所展示的中国地图上，用橘黄色表示的中国领土不完整，台湾岛、海南岛、澎湖列岛等均未和祖国大陆一样用橘黄色表示，给人的感觉似乎这些岛屿不属于中国领土。于是，他当即向雅虎网站的管理者发出了电子邮件，严正地指出其错误，强烈要求该网站进行修正。

镜头三：在某市举办的“我是小市长”活动中，几名中学生在调查中发现，30%的居民对社区的垃圾桶不满意。他们建议，为了方便居民夜间倒垃圾，垃圾桶上的分类标志应该用荧光涂料上色。同时，垃圾桶上还应安装一个能自动开关的门，以防止垃圾异味飘散。

镜头四：30名来自北京市125中学的高三学生，在完成了他们18岁成人仪式后，拿着自己的身份证，在选民登记台前登记参加选举。他们作为新选民将向投票箱中投下自己神圣的一票。

1.这些学生的行为有什么共同之处？

2.你是如何看待政治生活的？

3.作为一名学生，你认为应该怎样参与政治生活？

（一）中国公民的政治生活

作为中华人民共和国的公民，我们应当知道政治生活主要包含哪些方面的内容。

1. 行使政治权利，履行政治性义务

我们可以通过多种形式和渠道参与政治生活。我国宪法规定了公民享有的政治权利，同时也规定了公民必须履行的政治性义务。国家以法律规定并保护公民享有的神圣权利，公民有关心国家和社会、履行义务的责任。可见，依法行使政治权利，依法履行政治性义务，是我们政治生活的基本内容。

2. 参与社会公共管理活动

我国有农村村民自治和城市居民自治等基层群众自治组织和民主管理制度，有政府对社会进行管理，提供各种公共服务。我国的政府为人民服务，对人民负责，受人民监督。基层群众自治组织和民主管理，政府工作的改进和决策的完善，都有赖于人民群众的广泛参与和有效监督。因此，我们要积极参与社会公共管理活动。

3. 参与社会主义民主政治建设

发展社会主义民主政治，是社会主义现代化建设的重要目标。为了实现这

一目标，必须坚持党的领导、人民当家做主和依法治国的有机统一。因此，我们要积极参与社会主义民主政治建设。

4. 关注我国在国际社会中的地位和作用

在当今世界的大环境中，任何国家都不可能独立存在和发展，国际社会的竞争与合作对每个国家都会产生巨大的影响。在当代激烈的国际竞争中，我国面临着难得的发展机遇和前所未有的挑战。“身在校园，心系天下”是我们青年学生的高尚情怀。我们应当关心祖国的前途和命运，关注我国在国际社会中的地位和作用，自觉维护我国的国家利益。

（二）如何参与政治生活

探究与共享

某校以“中职学生如何对待政治生活”为主题进行了一次问卷调查，调查结果显示，被调查者中每天从新闻媒体中了解国内外大事所用的时间在15分钟以上的，占被调查人数的72.3%。其中有62.2%的人平时在与同学的聊天中常涉及有关政治方面的内容，有29%的人认为政治与己无关。

阅读以上调查内容，谈谈你的感受和对参与政治生活的看法。

对待政治生活，不同的人有不同的态度，许多人热情地参与，也有人冷漠地对待。事实上，不管愿意还是不愿意，任何人都离不开政治生活。那么，作为我们中职学生应该怎样更好地参与政治生活呢？

1. 参与政治生活，必须明确政治生活的作用

作为我们生活的一部分，政治生活与经济生活、文化生活存在着相辅相成的关系。其中政治生活的内容更多地涉及社会管理和公共利益的问题。包括政府权力的行使是否规范，社会利益的分配是否公平，公民利益的保障是否完善，等等。这些问题直接影响到人民民主的实现程度，与我们每个人的切身利益息息相关。如果人们对政治生活都采取漠然置之的态度，受损害的是全体人民的利益，经济生活、文化生活也必然受到影响。因此，认为政治与我无关、参不参与政治生活无所谓的想法是错误的。我们要培养关心社会事务和国家大事的观念，自觉地投身于政治生活中。

2. 参与政治生活，需要学习政治知识

学习政治知识，能帮助我们掌握马克思主义的基本观点，坚持正确的政治方向；能帮助我们树立“祖国的利益高于一切”的观念，关心国家大事，自觉地服从和维护国家利益；能帮助我们增强公民意识，树立社会主义民主法治、自由平等、公平正义的理念；能帮助我们提高自身的政治素养，提高参与政治生活的能力。

3. 参与政治生活，重在运用

我们了解了政治生活的意义和作用，学习了相关知识，就要运用到我们的日常生活中。公民参与政治生活的方式和渠道多种多样，例如，参加民主选举，参与民主决策、民主管理、民主监督活动，参加政治社团活动等。对于中学生来说，参加学校的时事政治学习，养成阅读、收听和收看新闻，关心社会和国家大事的习惯，参加共青团的活动，这些都是参与政治生活的实际行动。我们通过这些实际行动，能够不断提高思想政治素质；激发参与政治生活的热情，提高参与政治生活的素养；培养遵纪守法的行为习惯，增强参与政治生活的能力；提高辨别是非的能力，增强走中国特色社会主义道路的自觉性。

二、政治权利和政治性义务

《中华人民共和国宪法》规定了公民的权利与义务。公民的权利是神圣不可侵犯的，公民的义务是庄严不容推卸的。我们的全部政治生活，是以依法行使政治权利、履行政治性义务为基础和准则的。

探究与共享

请看以上图片，说说它们反映了我国公民依法行使哪些政治权利，履行哪些政治性义务。归纳我国公民的政治权利和义务，并简要说明公民的政治权利、义务与政治生活的关系。

(一) 公民的政治权利

公民依法参与国家政治生活、管理国家事务和社会事务、表达意愿的权利，是公民的政治权利。我国宪法对公民的政治权利作了明确的规定。

1. 选举权和被选举权

我国宪法规定："中华人民共和国年满十八周岁的公民，不分民族、种族、性别、职业、家庭出身、宗教信仰、教育程度、财产状况、居住期限，都有选举权和被选举权；但是依照法律被剥夺政治权利的人除外。"

公民依法享有的选举国家权力机关代表的权利，是公民的选举权；公民有被选为国家权力机关代表的权利，是公民的被选举权。选举权和被选举权是公民基本的民主权利，行使这个权利是公民参与国家管理的基础和标志。

读一读

18周岁是《中华人民共和国未成年人保护法》规定的成年人与未成年人的法定界限。年满18周岁，应对自己的行为负法律责任。赋予18周岁以上（含18周岁）公民以选举权和被选举权，反映出我国选举制度遵循选举权普遍性原则。

依法享有选举权的公民叫选民。选民对于人民代表候选人可以投赞成票，也可以投反对票，也可以另选其他选民。投票方式、我国公民行使选举权以及选举程序由法律规定。

我国现阶段实行直接选举和间接选举相结合的选举制度。直接选举一般包括以下几个程序：一是划分选区；二是进行选民登记，颁发选民证；三是提出和确定人民代表候选人；四是不记名投票与宣布选举结果。

2. 政治自由

政治自由是人民参与国家政治生活，充分表达自己的意愿，行使当家做主权利的重要形式，是社会主义民主的具体表现。我国宪法规定："中华人民共和国公民有言论、出版、集会、结社、游行、示威的自由。"

读一读

（1）言论自由

言论是公民表达意愿、相互交流思想、传播信息的必要手段，言论自由是公民对于政治和社会的各种问题有通过语言方式表达思想和见解的自由，也是形成人民意志的基础。所以言论自由在公民的各项政治自由中居于首要地位。言论的自由程度从一个侧面上反映了一国民主化的程度。我国是人民民主专政的社会主义国家，十分重视保障公民的言论自由。

（2）出版自由

出版自由是公民以出版物形式表达思想和见解的自由。人们为了长久保存自己的思想和见解，并为了与他人交流，就要把自己的思想见解付诸文字，以利于传播。因此，出版是言论的自然延伸，出版自由也就是言论自由的自然延伸，两者具有同质性。进一步说，出版自由也是现代文明社会进行思想交流、提高精神文明和促进科学文化事业发展的一种手段。

公民出版自由的实现，还依赖两个基本条件：第一，客观上国家物质文明不断取得进步，促进出版事业的发展。第二，主观上切实保障公民享有出版自由权，从法制建设方面加强保护。1990年全国人大常委会通过了《中华人民共和国著作权法》，对公民的出版自由做出了规范。

（3）集会、游行、示威自由

集会自由是公民为共同目的，临时集合在一起讨论问题或表达意愿的自由，是言论自由的自然延伸。具有共同意愿的人们通过集会可使共同观点为更多的人所知晓，使有关问题更趋深刻化、条理化，从而能够更好地实现言论自由所要达到的目的。

游行自由是公民在公共道路或露天场所以和平的方式聚会、行进、静坐，以表达其强烈意愿的自由。

示威自由是公民在公共道路或露天场所以和平的方式聚集在一起，以显示决心和力量的自由。

集会、游行、示威自由都来自公民的请愿权。它们的共同点，一是公民都在表达强烈意愿；二是都在公共场所行使；三是必须是多个公民共同行使，属于集合性的权利。单个公民的行为通常不能形成法律意义上的集会、游行和示威。三者的不同之处在于表达意愿的程度、方式和方法有所差异。

（4）结社自由

结社自由是有着共同意愿或利益的公民，为长久分享共同观点或利益而组成具有持续性的社会团体的自由。结社是一定数量的公民长久保有共同观点和维护共同利益的行为，故而结社自由也是言论自由的进一步发展。同时它也是若干公民集合起来方能实现的自由权。公民结社因目的不同可以分为两种：

◆ 以营利为目的的结社，如商业结社中的公司、集团等，通常由民法、商法、公司法来调整权利义务关系。

◆ 非营利性的结社，其中又分为政治性结社，如政党、政治团体等，以及非政治性结社，如宗教、慈善、文化艺术等团体。

宪法中所规定的结社自由主要是指组成政治性团体的自由，但由于政治性结社通常有较严密的组织形式，其活动对社会各方面的生活，特别是对决策过程影响巨大，所以各国法律通常对它都予以严格的控制。对反社会的、反宪法秩序的、反国家的结社，如法西斯主义的结社，坚决予以取缔。在英国，如果一个社团出于政治目的而进行身体训练，即使是为了帮助警察维护社会治安，也将受到禁止。

（5）宗教信仰自由

宗教信仰自由是人们相信某一超自然神祇的拯救力量及相关神学学说的自由。它在法律上属于精神自由的范畴，由于与国家权力的行使和普通大众的生活有着相当复杂的联系，所以也可以将之列入政治权利和自由的范围。

《中华人民共和国宪法》第三十六条第一款规定：“中华人民共和国公民有宗教信仰自由。”这一自由在我国法律上的含义是指：

◆ 每个公民都有按照自己的意愿信仰宗教的自由，也有不信仰宗教的自由。

◆ 有信仰这种宗教的自由，也有信仰那种宗教的自由。

◆ 有在同一宗教里信仰这个教派的自由，也有信仰那个教派的自由。

◆ 有过去信教而现在不信教的自由，也有过去不信教而现在信教的自由。

◆ 有按宗教信仰参加宗教仪式的自由，也有不参加宗教仪式的自由。

自由是相对的，以法律为基础的，国家制定了相应的法律，创造各种条件，保障公民真正享有和行使政治自由权，但行使政治自由权不能超过法律允许的范围。

探究与共享

关于如何理解自由，有下列两种观点。你认为它们有道理吗？说说你的看法。

观点一：人们能够无拘无束，想干什么就干什么，这就是自由。

观点二：自由是在法律所许可的范围内做一切事情的权利。

3. 监督权

我国宪法规定：“中华人民共和国公民对于任何国家机关和国家工作人员，有提出批评和建议的权利；对于任何国家机关和国家工作人员的违法失职行为，有向有关国家机关提出申诉、控告或者检举的权利，但是不得捏造或者歪曲事实进行诬告陷害。”

公民的监督权是指公民有监督一切国家机关和国家工作人员的权利。它包括批评权、建议权、检举权、申诉权和控告权等。

读一读

《中华人民共和国宪法》第四十一条第一款规定：“中华人民共和国公民对于任何国家机关和国家工作人员有提出批评和建议的权利，对于任何国家机关和国家工作人员的违法失职行为，有向有关国家机关提出申诉、控告或者检举的权利，但是不得捏造或者歪曲事实进行诬告陷害。”这些权利实际上不仅是公民受到国家机关及其工作人员不公正对待时的保卫性权利，而且也是公民监督国家机关及其工作人员履行职责的监督性权利。

取得赔偿的权利是指公民在受到国家机关不正确的处罚而得到昭雪后或者是在国家机关和国家工作人员侵权并得到纠正后，公民要求国家赔偿的权利。《中华人民共和国宪法》第四十一条第三款规定：“由于国家机关和国家工作人员侵犯公民权利而受到损失的人，有依照法律规定取得赔偿的权利。”目前我国的国家赔偿分为行政赔偿和司法赔偿或冤狱赔偿两种形式。1989年4月第七届全国人大第二次会议通过的《中华人民共和国行政诉讼法》规定了行政赔偿的原则和制度。1994年5月第八届全国人大第七次会议通过了《中华人民共和国国家赔偿法》使公民的这一宪法权利得到了切实的保障。

（二）公民的政治性义务

我国宪法在规定公民享有广泛的政治权利和自由的同时，也规定了公民必须履行的政治性义务，即公民对国家、社会应承担的责任。

1. 维护国家统一和民族团结

我国是统一的多民族国家。国家的统一、民族的团结，是我国顺利进行社会主义现代化建设的根本保证，也是实现公民的政治权利和其他权利的重要保证。因此，每个公民，都应当把自己的命运与国家盛衰、民族兴亡紧密联系在一起，自觉地履行维护国家统一和民族团结的义务。

2. 遵守宪法和法律

宪法和法律是党的主张和人民意志相统一的体现，是公民根本的行为准则。遵守宪法和法律是我们应尽的义务。

3. 维护国家安全、荣誉和利益

维护国家安全、荣誉和利益，是实现国家富强、民族振兴的重要保证，是公民爱国主义精神的具体表现，是每个公民义不容辞的职责。

4. 服兵役和参加民兵组织

依照法律服兵役和参加民兵组织是公民的光荣义务。为了保卫祖国，我们要自觉履行这一义务。

读一读

公民履行政治性义务，应该做什么呢？

◆ 捍卫国家主权，与一切危害国家主权的行为做坚决的斗争；

◆ 严守国家秘密；

◆ 配合国家安全机关的工作，为国家安全机关执行工作任务提供协助和便利条件；

◆ 捍卫国家领土完整，坚决反对一切侵略、占领国家领土以及割让、出卖国家领土的行为；

◆ 反对任何企图西化、分化我国的行径；

◆ 捍卫国家政权，与颠覆国家政权和分裂国家的行为做坚决斗争；

◆ 发现危害国家安全的行为应及时向国家安全机关或公安机关报告；

◆ 坚持民族平等，维护民族团结，坚持反对一切民族歧视、民族分裂行为；

◆ 努力维护国家安定、社会稳定的政治局面；

◆ 同一切损害国家利益的现象进行斗争；

◆ 增强民族自豪感、民族自尊心和民族自信心。

（三）参与政治生活要把握的基本原则

公民参与政治生活，依法行使政治权利，依法履行政治性义务，要遵循以下基本原则。

1. 公民在法律面前一律平等的原则

我国宪法规定：“中华人民共和国公民在法律面前一律平等。”这是公民享有权利与履行义务必须遵循的一项重要原则，这项原则表明公民平等地享受权利、平等地履行义务、平等地适用法律。

任何公民都平等地享有宪法、法律规定的权利，同时必须平等地履行宪法、法律规定的义务。这就是说，公民虽然在民族、种族、性别、职业、家庭出身、宗教信仰、教育程度、财产状况、居住期限等方面存在差别，但在享有权利与履行义务方面一律平等。

任何公民的合法权利都受到保护。国家在依法保护公民的合法权利方面，对任何公民一律平等。任何公民的违法犯罪行为都会受到法律制裁。国家在依法实施处罚方面对任何公民一律平等，不允许任何人有超越宪法和法律的特权。

探究与共享

2. 权利与义务统一的原则

在我国，公民的权利与义务具有统一性，二者相辅相成。一方面，国家保障公民充分享有和行使权利，使公民真正认识到自己是国家的主人，更加自觉地履行公民的义务；另一方面，公民自觉履行义务，必然促进社会主义事业的发展，为公民享有和行使权利创造更加有利的条件。因此，不能把公民的权利与义务对立起来。

权利与义务在法律关系上是相对的，都是实现人民利益的手段和途径。公民在法律上既是权利的主体，又是义务的主体。权利的实现需要义务的履行，义务的履行确保权利的实现。

根据权利与义务统一的原则，一方面，要树立权利意识，珍惜公民权利。我们既要依法行使自己的权利，又要尊重他人的权利。另一方面，我们也要树立义务意识，自觉履行公民义务。履行宪法和法律规定的义务，是每个公民对国家、社会和其他公民应尽的责任。只有履行一定的义务，才能获得相应的权利。

3. 个人利益与国家利益相结合的原则

在我国，国家、集体与公民个人的利益在根本上是一致的。我们要正确处理个人利益与集体利益、国家利益的关系，在行使公民权利与履行公民义务时，必须把国家利益、集体利益与个人利益结合起来。

我们要依法行使公民权利，积极履行公民义务，以维护国家利益。在我国，公民个人利益与国家利益在根本上是一致的，但在某些具体问题上也会产生一些矛盾。当个人利益与国家利益产生矛盾时，公民的个人利益必须服从国家利益，这是公民爱国的表现。

“其他的一概看不清楚”

三、公民的政治参与

在我国，公民享有广泛的政治权利。依法参与民主选举、民主决策、民主管理、民主监督，就是享有政治权利的具体体现。

探究与共享

杨老师的选举故事

对待政治生活的态度是公民的情感和价值观的体现。有人以热情的态度参与政治生活，有人以冷漠甚至厌弃的态度拒绝政治生活。事实上，不管愿意还是不愿意，任何人都离不开政治生活。

年近70的杨老师保存着十几张选民证。选民证大小基本一致，每张证上都盖有“已选”的红色字样。1953年的选民证，“选”“证”两个字还是繁体。回想起自己第一次参加选举的情景，杨老师激动地说：“当时感到特别自豪，觉得自己完成了一件无比荣耀的大事。”1960年，他在投完自己那一票后，按照组织安排，捧着流动票箱去了医院，一个患病的选民将填好的选票郑重地投入他手捧的票箱中。他至今还清晰地记得那庄严而神圣的一幕。1980年，杨老师因时间关系，匆匆赶到选举现场时已是晚间11时40分，但他还是赶在了截止投票时间之前庄重地投出了自己的选票。他说："虽然我只是一个普通选民，但我不认为自己这一票是可有可无的。投出这一票，我感觉自己脚下的土地更加坚实。"参加1998年的选举，杨老师更加强烈地感觉到，选民们更加珍惜自己的民主权利，参政议政的意识明显增强了。

读了杨老师的选举故事，说说杨老师的"选民证"是选举什么的？我们政治生活中还有其他类型的选举吗？我们应怎样行使自己的政治权利？

(一)民主选举

由人民投票选举公共权力的执掌者是确保人民成为"权力源"、实现主权在民的必要条件，是实现权力制约与监督的基础，是确保权力为人民服务的重要机制。我国现阶段实行直接选举和间接选举相结合的选举制度。

由选民直接投票选举的方式，被称为直接选举。它使每个选民都有机会选举自己心目中最值得信赖的当家人。但是，在选民较多、分布较广的情况下，往往先由选民选出自己的代表，再由他们代表选民选举，这种选举方式，叫作间接选举。

为了使选票相对集中，选举时一般需要事先确定候选人。正式候选人名额与应选名额相等，就是等额选举。这种选举方式可以比较充分地保障当选者构成的合理性，但在一定程度上会影响选民的选择。确定的正式候选人名额多于应选名额，就是差额选举。这种选举方式可以在候选人之间形成相应的竞争，为选民行使选举权提供了选择的余地。在差额选举中，候选人按照既定的规则，采取演讲、答辩等方式向选民介绍自己，展开竞选。这种竞选方式有助于选民了解候选人，但是如果不加以有效规范，容易发生虚假宣传、贿赂选民等情况。

新中国成立初期，我国经济文化比较落后，交通也不方便，人民群众的民主素养还不是很高，从这样的国情出发，我国只在乡镇一级实行人大代表的直接选举。改革开放以后，公民的民主意识和政治参与能力有很大提高。为顺应社会进步与发展的要求，我国将直接选举人大代表的范围扩大到县级，并普遍实行差额选举。

目前，我国公民直接参与选举的活动，在国家事务方面，有县及县以下的人大代表的选举；在社会事务方面，有城市的居民委员会选举、农村的村民委员会选举等。

县以上的各级人大代表、乡及乡以上各级地方政府的领导人由间接选举产生。

我国选举制度的发展历程表明，选举方式的选择必须体现国家性质，并与经济发展、社会进步状况相适应。我国是人民民主专政的社会主义国家，要采用符合广大人民群众根本利益的选举方式。根据我国处于社会主义初级阶段的基本国情，面对人口众多、幅员辽阔、发展很不平衡的状况，我国将在相当长的一段时间内采用直接选举与间接选举相结合的选举方式。

探究与共享

在村民委员会（居民委员会）主任的选举中，选民们都投出了自己的一票。投票前对于这一票究竟投给谁，选民有不同的想法。

他热心为大家服务，承诺要解决的几个问题都是我最关注的。

他人缘好，许多人都准备投他一票。

他为人老实、心眼儿好。

他为人正直，办事出于公心、不谋私利、不怕得罪人。

他社会关系广，办事能力强，所做的承诺能给我带来实惠。

他曾经向我承诺，如果我投他的票，他当选后会特别关照我。

没有一个是我看中的，我谁都不选。

在上述想法中，你比较认同哪一种或哪几种？说说你的理由。

你认为影响投票结果最重要的因素是什么？

如果你参加选举，你认为当选者应具备哪些条件？

例如：具备专业知识和技能，有较强的管理能力；

求真务实，愿意为百姓办实事；

办事公道，善于倾听不同意见；

……

在经过补充之后，请你按其重要性加以排序，并与同学交流共享。

是否积极参加选举，是衡量公民参与度、责任感的重要尺度。那种“选举与我无关”“选谁都可以”的想法，是公民意识不强、主人翁意识不强的表现。

怎样参加选举，如何投出自己神圣的一票，是公民政治参与能力和政治素养高低的体现。公民行使选举权应出于公心，以人民利益为重；要了解候选人的品德和能力表现，在理性思考的基础上审慎投票。

辩一辩

选民甲说："选举与我无关。"

选民乙说："选举与我息息相关。"

选举权和被选举权是人民行使国家权利、管理国家事务的基础，是公民的基本政治权利。选举是关系到将国家权力委托给哪些人行使的重要问题，只有选举那些政治素质、文化素质、健康条件和议政能力都比较好的公民作为人民代表，才能真正代表人民的意志和利益行使国家权力。因此我们必须十分珍惜、认真对待、依法行使选举权和被选举权。

（二）民主决策

探究与共享

圆明园防渗工程全面整改是科学民主决策的成果

2005年，随着国家环保总局7月7日做出圆明园防渗工程全面整改的决定，广受关注、历时百余天的圆明园防渗事件终于尘埃落定。至此，圆明园防渗工程的意义已远远超出了工程本身，这一事件的全过程充分体现了党和政府积极倡导的依法行政、政务公开与科学民主决策的精神与要求。

2005年3月24日，从兰州到北京出差的张先生，偶然发现了圆明园湖底正铺设防渗膜。经他披露之后，这一工程通过媒体报道进入大众视野，引起有关政府部门关注。

3月31日，国家环保总局根据《中华人民共和国环境影响评价法》的有关规定，要求圆明园湖底铺设防渗膜暂停施工，进行环境影响评价。

4月13日，依据有关法律法规，圆明园整治工程听证会举行，听取方方面面的意见与建议。公众通过网上直播和媒体报道，了解了听证会上各种不同的声音。

5月24日，圆明园管理处和海淀区政府在相关新闻发布会上，就圆明园有关问题公开信息，表明了欢迎监督、尊重科学、依法执政的态度。

此后，清华大学的环评机构联合北京师范大学、中国农业大学、首都师范大学等单位，在大量的调查、监测、试验和模拟工作的基础上，广泛征求各方专家意见，形成了《圆明园东部湖底防渗工程环评报告书》，分析防渗工程的利弊，给出了整改建议。

7月5日，国家环保总局在网站上公布了环评报告的全文，以满足公众的知情权；在对环评报告评估、再次听取各方专家意见的基础上，做出最终裁决。

这一系列举措，以及在此过程中相关部门和单位表现出的态度，无不体现了对法律的尊重、对民意的尊重、对科学的尊重，得到社会各界的赞赏。可以说，根据环评报告做出的决断，有充分的合理性、科学性，据此进行的各种补救措施，有利于把防渗产生的各种损失减到最小，对于圆明园的长远保护功莫大焉。而这正是依法行政、政务公开、科学民主决策的成果。

在这一案例中，你知道体现了公民参与民主决策的哪些渠道吗？

政府的重大决策涉及社会各阶层的利益，关系到千家万户。因此，决策是否科学、合理，至关重要。

1. 公民参与民主决策的途径

通过民主选举，选出代表人民意志的人进入决策机关，参与监督，审议制定决策，这是使各项决策能够反映最广大人民根本利益的重要保证。它要求选出的决策者必须代表民意、反映民情、体现人民利益。这是一种公民间接参与决策的途径。

随着我国民主形式日益丰富完善，民主渠道逐步拓宽，公民有了更多机会参与决策。

探究与共享

案例1：2008年8月，教育部启动《国家中长期教育改革和发展规划纲要（2010—2020年）》的制定。2009年1月至2月首轮公开征求意见的过程中，各界人士通过各种渠道发表意见建议210多万条，发来信函14 000多封。

政府真诚倾听民意更加激发了民众参与的热情。在第一轮征求意见中，从十来岁的小学生到91岁的白发老人，从专家学者到普通百姓，都积极参与到这场开放式的讨论中。

案例2：《国家中长期教育改革和发展规划纲要（2010—2020年）》第二轮专家座谈会（《人民日报》社、人民网共同主办）

时间：2010年3月1日

主题：专家结合教育规划纲要建言献策

中学校长建议把更多的钱花在提高教师待遇上

闵维方（北京大学党委书记）：解读为何要实现教育投入占GDP4%

周远清（清华大学副校长、教育部原副部长）：教育规划纲要有四个亮点

董奇（北师大副校长）：实现义务教育均衡发展要建立三项制度

李文利（北大教育学院副院长）：关于义务教育地区差距问题

案例3：《国家中长期教育改革和发展规划纲要（2010—2020年）》公开征求意见公告

《国家中长期教育改革和发展规划纲要（2010—2020年）》研究制定工作自2008年8月启动以来，在深入调研、广泛听取意见建议的基础上，经反复研究修改，形成了公开征求意见稿，现予公布，欢迎社会各界提出意见建议。

公开征求意见时间：2010年2月28日至3月28日

电子邮箱：ghgy@moe.edu.cn

教育部门户网站：http：//www.moe.gov.cn

来函请寄：北京市大兴区清源北路国家教育行政学院转规划纲要意见收集组。

邮编：102617。

特此公告。

案例4：《国家中长期教育改革和发展规划纲要（2010—2020年）》

征求意见，已经于2010年3月28日结束，待方案完善后，择期邀请各界人士举行听证会，就拟订方案再进行讨论，使其不断完善。

问题：上述案例反映了哪些公民参与决策的途径？

社情民意反映制度是公民向决策机关反映意见、提出建议的制度。信息是决策的基础，民意是正确决策重要的信息资源。拓宽民意反映渠道，是决策机关进行科学决策的重要前提。在做出决策前，决策机关通过电话、信函、传真、新闻媒体等方式广泛了解社情民意，公民可以直接参与决策的全过程，激发了公民参与的积极性，促进了决策民主化、科学化。只要不涉及国家秘密的事项，决策机关都应该向广大人民群众征求意见和建议。

专家学者利用自己掌握的专业知识、相关信息对专业性、技术性较强的重大事项进行分析论证，这是专家咨询制度。专家学者在政府决策的过程中担当着“显微镜”和“望远镜”的作用。他们多年从事某一方面的工作，对某一领域有深入的研究，比一般人看得更远，理解得更深。因此涉及社会经济发展全局的、关系国计民生的重大决策、重大政策、重大项目以及专业性、技术性较强的重大事项，组织跨学科、跨部门、跨行业的专家学者分析论证，听取他们的意见，是提高决策科学性的重要途径。

决策机关将涉及公共利益的重大事项进行公示，公民在了解有关内容和情况后发表意见、提出建议，这是重大事项社会公示制度。公民在知情的基础上才能积极建言献策，发挥自己国家主人翁的作用。决策透明公开，让公民更好地参与，体现了国家对公民权利的尊重与保障。因此，对涉及公共利益的重大事项实行公示，有利于增加决策透明度和公民参与度。

决策机关将涉及公共利益的各项决策进行公示，公民在了解有关内容后，在听证会上充分发表意见、提出建议，帮助决策机关发现拟订方案中存在的不足，加以修正，使决策更有利于人民的利益。同时，公民通过听证的方式参与决策，也可以更好地表达自己的意愿，使决策真正体现人民的意志。

2. 公民参与民主决策的意义

公民通过各种渠道、采取多种方式参与决策过程，是促进社会主义民主政治建设，推进决策科学化、民主化的重要环节。

首先，从决策者角度来说，有助于决策充分反映民意，体现决策的民主性；有利于决策广泛集中民智，增强决策的科学性。

其次，从公民角度来说，有利于促进公民对决策的理解，推动决策的实施；有利于提高公民参与公共事务的热情和信心，增强公民的社会责任感。

(三) 民主管理

民主选举、民主决策都是民主管理的要求，人民群众参与民主选举、民主决策，自己管理自己的事情，是基层民主中公民参与政治生活的重要形式。

在农村，村民委员会是村民自我管理、自我教育、自我服务的基层群众性自治组织，是村民民主管理村务的机构。在村民委员会的带领下，村民实行自治，在实践中学习、掌握管理村务的本领，切实行使民主管理的权利。

《中华人民共和国村民委员会组织法》规定，村民直接投票选举自己满意的人担任村委会干部。这是村民自治的基础，也是村民参与民主管理的主要途径。

村民通过村民大会等形式发表意见，参与本村公共事务和公益事业的决策与管理。凡是涉及全体村民利益的事，都由村民大会按少数服从多数的原则讨论决定。

制定村民自治章程或村规民约，是村民规范自己和村干部的行为，运用民主的办法管理村里日常事务的有效途径。在村民自治中，村民运用村务公开、民主评议村干部、村委会定期报告工作等形式，监督村干部和村委会的工作，使村民自治制度化、规范化。

在城市，居民委员会是城市居民自我管理、自我教育、自我服务的民主管理机构，是城市居民的自治组织。其主要作用为维护居民的合法权益，办理本居住地区居民的公共事务和公益事业，

调解居民纠纷，协助维护社会治安，反映居民的意见、要求和建议等。

根据《中华人民共和国城市居民委员会组织法》，城市居民自治的内容为居委会干部由居民民主选举产生；凡涉及居民切身利益的重要事务，要提请居民会议讨论决定；居委会实行办事公开制度，定期向居民会议汇报工作，接受居民的监督和质询。这调动了广大居民参与社区建设的积极性，提高了居民参与政治生活的能力。

（四）民主监督

探究与共享

2010年12月5日罗定市生江镇某村村民老黄和儿子小黄拉了一车柑橘，准备到附城卖，途中碰到一伙歹徒拦路抢劫，一车柑橘被劫走了。无奈，老黄和儿子小黄跑到附城派出所报案。听了案情，值班民警小李说："现在已经下班了。再说，一车柑橘也不值多少钱，这事我们管不了！"面对派出所值班民警的行为，小黄愤怒地说："民警怎么可以这样？我要去告他！"而老黄想了想说："多一事不如少一事，吃点亏就吃点亏，我们忍一忍吧。再说，我们也没有告他们的权利。"小黄和老黄的观点哪个对？为什么？

民主监督，指人民根据宪法赋予的权力，对国家各级机关和公职人员进行监督，以纠正各种违法行为。

在我国，人民当家做主不仅体现在依法实行民主选举、民主决策、民主管理方面，而且体现在依法实行民主监督方面。

信访举报制度是通过给国家机关写信、打电话或向有关人员当面指出的方式，反映自己的意见，提出批评、建议。这是我们依法行使自己的监督权利的重要途径之一，是实行民主监督的有效方法。我国各级各类国家机关都设立了接待人民群众来信来访的工作机构，依法规范来信来访的工作程序，为公民行使监督权提供了有力保证。

行使监督权的合法方式

人大代表联系群众制度可以使我们将自己的意见、建议和要求反映给人大代表，形成人大代表的议案，上传到国家权力机关。人大代表是人民选举产生的，代表人民参与国家事务的管理，是连接人民群众与国家权力机关的纽带。这一制度能够使公民行使监督权，使参与民主监督得以真正落实。

舆论监督制度是通过在电视、广播、报纸、杂志等新闻媒体上公开发表自己的意见，参与民主监督。舆论监督以其透明度高、威力大、影响广、时效快的特点，在对国家机关及其工作人员的监督中发挥独特的作用。

此外，监督听证会、民主评议会、网上评议政府等，都是近年来出现的民主监督的新形式、新方法。

实行民主监督，有利于消除腐败、克服官僚主义和不正之风，改进国家机关及其工作人员的工作；有利于维护国家利益和公民的合法权益；有助于激发广大公民关心国家大事、为现代化建设出谋划策的主人翁精神。

议一议

某村民因交通部门修公路占用本村土地，组织村民集体上访，围攻县政府领导人员，影响了政府机关的正常工作秩序。

请思考村民的做法合法吗？为什么？

公民在依法行使监督权时，为了国家和人民利益，要敢于同邪恶势力进行斗争，勇于行使宪法和法律赋予自己的监督权。

但行使监督权也要遵守法律，依照规则和程序办事，不能采用张贴大字报、聚众闹事等非法方式。在依法行使申诉、控告、检举权利时，要坚持实事求是，如实反映情况，不捏造歪曲事实，不诬告陷害他人；不以举报为名制造事端，干扰检察机关的正常工作；不得围堵、攻击国家机关，不得拦截公务车辆，妨碍国家工作人员正常履行职责，否则要受到法律制裁。

话题二　人民当家做主的国家

世界上有近200个国家，每个国家的地理位置、人口数量、国土面积、历史文化、人文环境等都各不相同，这些不同形成了各个国家不同的社会制度和发展道路。通过本话题的讨论，使我们对国家、国体、政体等概念有一个基本的了解，认识不同国家和民族的历史传统和国情特点，以及各国形成不同的国家制度和发展道路的历史原因，坚定在中国共产党的领导下走中国特色社会主义道路的信心。

每个人都属于自己的国家，在自己国家中工作和生活，个人的前途命运和国家的前途命运紧密相连。我国是人民民主专政的社会主义国家，人民当家做主，公民享有崇高的权利和义务。在改革开放建设中国特色社会主义的新的历史时期，同学们有着大有作为的广阔天地，作为祖国建设的新生力量，要不断地努力学习，提升自己的素质和能力。同时，也要增强公民意识，树立民主法制观念，将自己的“成才梦”与“中国梦”紧密地联系在一起，为实现习近平总书记提出的两个一百年的宏伟目标贡献力量。

一、人民民主专政：本质是人民当家做主

国家是一个历史现象，是阶级矛盾不可调和的产物，国家本质上是经济上占统治地位的阶级进行阶级统治的政治权力机构。国家制度包括国体和政体。我国是人民民主专政的社会主义国家，人民民主具有广泛性和真实性。

（一）国家和国家性质

1. 国家的根本属性

探究与共享

关于国家，自古以来就有各种解释。中国学者梁启超说：“富国也者，和物业？有土地，有人民，以居于其土地之人民，二治其所居之土地之事，自制法律而自守之，有主权，有服从，人人皆主权者，人人皆服从者。夫如是，斯谓之完全成立之国。”法国思想家卢梭认为，国家是在订立契约的基础上产生的，而订立契约的主体是人民，因此，国家应该体现人民的最高共同意志；法律就是“公意”，君主不能高于法律；人民有权废除对自己不利的契约。

思考一：什么是国家？国家是从来就有的吗？

思考二：是否认同梁启超和卢梭关于国家的看法，并说出理由。

国家是一个历史现象，不是从来就有的，它是在原始社会瓦解、私有制出现、阶级形成以后产生的，是社会阶级矛盾不可调和的产物和表现。

国家是阶级统治的工具。统治阶级运用自己手中所掌握的国家机器，对被统治阶级实行统治，以建立有利于统治阶级的社会秩序，维护统治阶级的政治和经济利益。因此，阶级性是国家的根本属性，国家本质上是经济上占统治地位的阶级进行阶级统治的政治权力机构。国家还负有管理社会公共事务的职责，因

此，国家权力还具有公共性和公益性，现代国家尤其如此。

2. 国家性质

在不同国家，占统治地位的阶级是不同的，由此形成了不同性质的国家。国家性质又称国体，是指国家的阶级性质，它表明社会各阶级在国家中所处的地位。具体地说，就是国家政权掌握在哪一个阶级手里，哪个阶级就是统治阶级。统治阶级的阶级性质决定着国家的性质。

按照国家性质划分，人类社会发展过程中迄今为止有四种国家类型，即奴隶制国家、封建制国家、资本主义国家和社会主义国家。前三种类型属于剥削阶级国家，是少数剥削者对广大劳动者的统治。社会主义国家是工人阶级领导的人民当家做主的新型国家。

3. 国家的基本权利

读一读

2013年11月，中华人民共和国政府根据1997年3月14日《中华人民共和国国防法》、1995年10月30日《中华人民共和国民用航空法》和2001年7月27日《中华人民共和国飞行基本规则》，宣布划设东海防空识别区。

从这一过程看，国家是统治阶级的工具，在法理上看，国家是拥有人口、领土、政权和主权的组织。其中主权是国家的生命和灵魂。

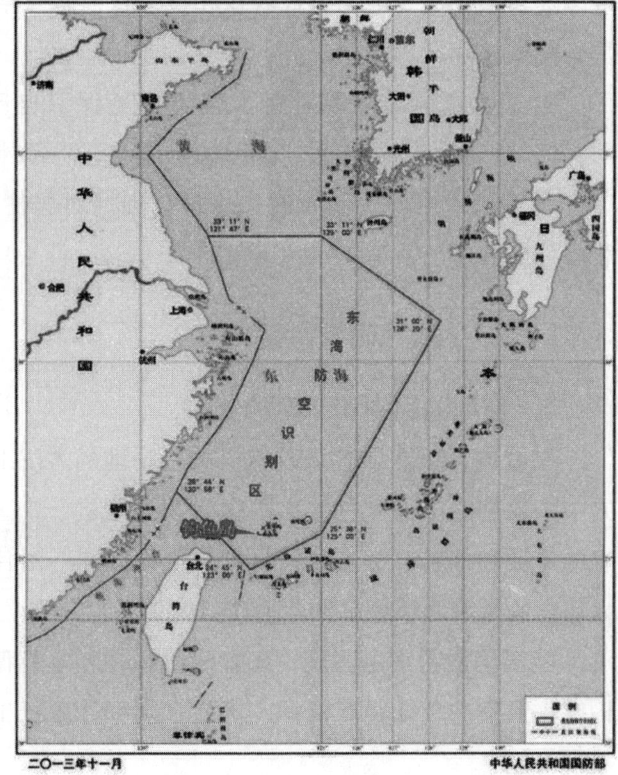

议一议

国家主权有两个方面的特性：对内国家最高权力的至高无上性和对外国家最高权力的独立自主性，只有对内的至高和对外的独立紧密结合，国家才真正拥有主权。

思考：台湾为什么不是一个国家？请你说说理由。

主权国家在国际社会中享有的基本权利包括独立权、平等权、自卫权和管辖权。

独立权指国家依照自己的意志处理内外事务而不受他国控制和干涉的权利。例如：一国可以自由修改宪法、变更政体、确定经济制度、缔结条约等。

平等权指国家不论大小、强弱，在国际关系中都具有平等的地位和资格，平等地享有国际法规定的权利和承担国际法规定的义务。例如：国家在国际组织或国际会议中平等地享有代表权和投票权；国家平等地享有缔约权；国家平等地享有荣誉权等。

自卫权指国家采取防御及自卫措施保卫自己的生存和独立不受侵犯的权利。例如：制定国防政策、进行国防建设、防备外来侵犯的权利等。

管辖权指对公民的管理和保护，包括对居住在国外的侨民的保护。对物的管理包括驻外使领馆。

（二）我国的国家性质

1. 新型的民主和新型的专政

在我国县级以上各级政权机关办公地的大门上方中央悬挂着中华人民共和国国徽，国徽是一个国家的象征和标志，每当我们看到庄严的国徽，对伟大祖国的崇敬之情便会油然而生。

我国国徽图案由国旗、天安门、齿轮和麦稻穗构成，天安门象征民族精神，齿轮和麦稻穗象征工

人阶级领导下的工农联盟；五颗五角星象征着中国共产党领导下中国各族人民的大团结。整个国徽图案鲜明地体现了新中国的国家性质。

我国的国家性质，在我国宪法总纲中有明确规定，我国宪法第一条规定：“中华人民共和国是工人阶级领导的，以工农联盟为基础的人民民主专政的社会主义国家。”这表明：我国的国家性质是人民民主专政的社会主义国家。

工人阶级的领导是我国国家性质的首要标志。工人阶级是我国的领导阶级。我国工人阶级是近代以来我国社会发展，特别是社会化大生产的产物，是先进生产力和生产关系的代表，具有严格的组织性、纪律性和革命的坚定性、彻底性等品格。它在长期的革命斗争和社会主义建设中，表现了坚定的政治立场和艰苦创业的精神，不愧为国家的领导阶级和社会主义建设事业的中坚力量。

工农联盟是我国国家政权的阶级基础。在我国，农民是工人阶级的天然同盟军，是建设社会主义的基本力量。农民在工人阶级的领导下，与工人阶级一起，共同管理国家事务。在政治上，工农联盟是我国人民民主专政的阶级基础。

我国的人民民主专政，在概念的表述上直接体现出民主和专政的辩证统一。国家作为阶级统治的工具，具有专政的职能，人民民主专政也不例外。人民民主专政对极少数敌人实行专政，国家依法打击极少数敌对分子的破坏活动，依法打击各种犯罪活动，维护社会治安和社会秩序，保护国家、集体和公民的合法权益不受侵犯，保障人民民主，保卫社会主义现代化建设。正如毛泽东指出的；“对人民内部的民主方面和对反动派的专政方面，互相结合起来，就是人民民主专政。”把民主和专政联系在一起，这是对无产阶级专政最本质的概括。它不仅确切地表明我国的阶级状况和政权的广泛社会基础与鲜明的民主特色，而且也科学地反映了我国政权的性质。

探究与共享

民主是指在一定阶级范围内，按照平等和少数服从多数的原则，来共同管理国家事务的国家制度。民主具有鲜明的阶级性，民主总是属于统治阶级的。世界上从来没有抽象的、超阶级的民主。专政，即主要依靠暴力实行的统治。

我国的民主与专政是辩证统一的。一方面，民主与专政相互区别、相互对立，民主只适用于人民内部，专政则适用于敌对势力。另一方面，民主与专政相辅相成，互为前提，民主是专政的基础，专政是民主的保障。

请你根据上面的论述对以下两种观点加以辨析，说明理由。

观点一：人民民主专政的国家同其他类型的国家是一样的。

观点二：人民民主专政的国家同其他类型的国家是不一样的。

我国的人民民主专政，对占全国人口绝大多数的人民实行民主，对极少数敌视和破坏社会主义事业的敌对势力和敌对分子实行专政。它在中国历史上第一次实现了绝大多数人的民主，是新型的民主和新型的专政，具有鲜明的中国特点。

2. 广泛、真实的民主

人民民主专政的本质是人民当家做主，在我国，人民当家做主体现在人民民主具有广泛性和真实性。

人民民主的广泛性表现在：（1）民主主体的广泛性。在我国，包括工人、农民、知识分子和其他社会主义劳动者，拥护社会主义的爱国者，拥护祖国统一的爱国者在内的全体人民都是国家和社会的主人。他们平等地享有管理国家和社会事务的权利。（2）人民享有民主权利的广泛性。我国宪法第二章确认我国公民享有政治、经济、文化等社会生活各方面的广泛的民主自由权利。

在我国，包括知识分子在内的工人阶级、广大农民，始终是推动我国先进生产力发展和社会全面进步的根本力量。改革开放以来，随着多种经济形式的不断发展，我国出现了民营科技企业的创业人员和技术人员、受聘于外资企业的管理技术人员、个体户、私营企业主、中介组织的从业人员、自由职业人员等新的社会阶层。在党的路线方针政策指引下，他们通过诚实劳动，通过合法经营，为发展社会生产力和其他事业做出了贡献。他们都是中国特色社会主义事业的建设者。

人民民主的真实性表现在：人民当家做主的权利有制度、法律和物质的保障，也表现在随着经济的发展和社会的进步，广大人民的利益得到日益充分的实现。

探究与共享

我国至今已制定了1 000多项有关公民基本权利的法律、法规，为更好地保障和实现公民的基本权利，宪法规定了更加具体的法律依据。

我国公民的民主权利有切实的物质保障。例如，公民选举所需经费均由政府开支；在选举期间，国家掌握的报刊、电视、广播等都为选举活动服务。

我国宪法规定："国家尊重和保障人权。"《2014年中国人权事业的进展》白皮书，全面阐述了中国人权事业取得的成就。白皮书指出，在这条人权发展道路上，我们坚持确保人权事业发展的正确方向；坚持人权普遍性原则与中国现实国情相结合，在更高层次上保障好人民的生存权、发展权；坚持依法治国，把人权发展纳入法治化制度化轨道；坚持突出重点与全面推进相统一，推动人权建设和各领域建设统筹兼顾、协调发展。我们将在实现国家振兴的道路上，努力发展有利于人权保障与实现的各项事业，让每个人都能发展自我和奉献社会，共同享有人生出彩的机会，共同享有梦想成真的机会，共同享有平等参与、平等发展的机会。

议一议：结合近年来我国人权事业取得显著进步的事实，你能说明"人权是具体的、相对的，不是抽象的、绝对的"这一观点吗？

3. 坚持人民民主专政

坚持社会主义道路、坚持人民民主专政、坚持中国共产党的领导、坚持马克思列宁主义毛泽东思想这四项基本原则，是我国的立国之本。坚持人民民主专政作为四项基本原则之一，被庄严地载入我国宪法。坚持人民民主专政是社会主义现代化建设的政治保证。只有充分发扬社会主义民主，确保人民当家做主的地位，保证人民依法享有广泛的权利和自由，尊重和保障人权，才能调动亿万人民群众建设社会主义现代化的积极性。只有坚持国家的专政职能，打击一切破坏社会主义建设的敌对势力和敌对分子，才能保障人民民主，维护国家的长治久安。

坚持人民民主专政，在中华民族伟大复兴的历史条件下有了新的要求：扩大社会主义民主；实行依法治国；强化政府的服务职能；发展和繁荣社会主义文化；改善民生，维护社会公平正义，构建社会主义和谐社会，等等。

探究与共享

邓小平明确指出：“运用人民民主专政的力量，巩固人民的政权，是正义的事情，没有什么输理的地方。”习近平总书记指出：“中国实行工人阶级领导的、以工农联盟为基础的人民民主专政的国体，实行人民代表大会制度的政体，实行中国共产党领导的多党合作和政治协商制度，实行民族区域自治制度，实行基层群众自治制度，具有鲜明的中国特色。”我们可以从多个方面理直气壮地阐明坚持人民民主专政的意义：

- 从国家的一切权力属于人民的角度看；
- 从维护国家的主权、安全、统一和稳定的神圣职责看；
- 从警惕国内极少数敌对分子和国际敌对势力的破坏活动看；
- 从社会主义现代化建设的需要看；

……

说一说：选择其中一个方面，阐述“运用人民民主专政的力量，巩固人民的政权，是正义的事情”这一道理。

二、人民代表大会制度：人民当家做主的最好形式

人民当家做主作为社会主义民主政治的本质和核心，要通过政体和国家结构形式实现。人民代表大会是人民行使国家权力的机关。人民代表大会制度是我国的根本政治制度。我国的国家结构形式实行单一制，单一制国家结构形式是适应我国国情的制度。

（一）我国的政体

探究与共享

在国际交往中我们经常会看到、听到各种不同的国家名称，如“合众国”“共和国”“公国”“联合王国”还有“联合酋长国”“联邦”“邦联”。这些名称有的是侧重表达国家的政体（共和国、王国和公国），有的是侧重表达国家的组成形式（合众国、联邦、邦联），有的是兼而有之（联合王国、联合酋长国）。

探究一：你能说出某些国家的全称吗？并与同学分享。

探究二：通过分析我国的国名，说说我国的政体和组织形式。

1. 人民代表大会：国家权力机关

国家同任何事物一样，都是内容与形式的统一。如果说国体涉及的是国家的内容，那么国家的形式，则属于政体和国家结构形式的范围。

政体指国家政权的组织形式，即统治阶级采取何种形式来组织自己的政权机关。

国体与政体的关系是内容与形式的关系，国体决定政体，政体体现国体。健全的政体对维护和巩固统治阶级的统治地位有着重要的作用。

以国家权力机关和国家元首的产生和职权范围划分，当代国家政体的基本类型有君主立宪制和民主共和制。

资本主义民主共和制根据立法机关与行政机关关系的不同，可分为议会制共和制和总统制共和制。议会也称国会。根据资产阶级三权分立原则，立法权、行政权、司法权分别由议会、政府和法院行使。因此，议会被称为立法机构，议会的成员被称为议员.

读一读

议会君主制国家：英国、日本、加拿大、澳大利亚等国家。

民主共和制国家：议会制——意大利、德国、印度、新加坡等国家；总统制——以美国最为典型。

社会主义国家的政权组织形式，只能是民主共和制，这是由生产资料公有制的经济基础和社会主义国家性质决定的。由于具体条件不同，各社会主义国家实行民主共和制的具体形式也具有多样性。那么我国人民民主专政的政权组织形式是怎样的呢？

我国宪法规定：“中华人民共和国的一切权力属于人民。”那么，在这个人口众多、地域辽阔的国家，人民如何行使国家权力呢？那就是，广大人民通过民主选举选出各级人大代表，由他们组成各级国家权力机关，代表人民统一行使国家权力，即行使管理国家和社会的权力。我国宪法明确规定：“人民行使国家权力的机关是全国人民代表大会和地方各级人民代表大会。”

全国人民代表大会是最高国家权力机关。全国人民代表大会及其常务委员会行使立法权、决定权、任免权、监督权。全国人民代表大会在我国的国家机构中居于最高地位，其他中央国家机关都由它产生，对它负责，受它监督。

全国人民代表大会常务委员会是全国人民代表大会的常设机构。在全国人民代表大会闭会期间，全国人大的部分职权由全国人大常委会行使，以便更好地发挥最高国家权力机关的作用。

地方各级人民代表大会是地方各级国家权力机关。它是本行政区域内人民行使国家权力的机关，凡本行政区域内的一切重大问题，都由它讨论决定，并由它监督实施。它们与全国人民代表大会一起构成了我国国家权力机关的完整体系。

读一读

立法权，即制定法律的权力。全国人民代表大会及其常委会行使国家立法权。省、直辖市、自治区的人大及其常委会可以制定地方性法规，报全国人大常委会备案。

决定权，是宪法和法律赋予各级人大和县级以上各级人大常委会依照法定的程序决定国家和社会或本行政区域内重大事项的权力。

任免权，是各级人大及其常委会对相关国家机关领导人员及其他组成人员进行选举、任免、罢免、撤职的权力。

监督权，即监督宪法和法律的实施，监督“一府两院”即政府、法院、检察院工作的权力。

在全国和地方的国家机构中，各级行政机关和司法机关均由同级人民代表大会产生，对它负责，受它监督。

2. 人民代表：肩负人民重托

人民代表大会代表是国家权力机关的组成人员。我国各级人民代表大会的代表，由民主选举产生。

人大代表产生的方式有两种：全国人民代表大会，省、自治区、直辖市的人民代表大会和设区的市、自治州的人民代表大会的代表由下一级人民代表大会选出，这是间接选举；县、自治县、不设区的市、市辖区的人民代表大会和乡、民族乡、镇人民代表大会的代表则由选民直接选举产生。全国各级人民代表大会的代表每届任期五年。

探究与共享

新中国成立之初，我国经济文化比较落后，人民群众的民主素养还不是很高，从这样的国情出发，我国只在乡镇一级实行人大代表的直接选举。随着我国政治、经济、文化的发展，人民的生活水平有了普遍提高，公民的民主意识有所增强，政治参与能力也有了很大的提高，希望更多地直接参与国家政治生活。为顺应社会进步与经济发展的要求，我国将直接选举人大代表的范围扩大到县级，实行普遍的差额选举。

1953年12月，我国进行首次普选，采用直接选举与间接选举相结合的选举方式。其中，乡镇人大代表实行直接选举。各级人大代表的选举实行等额选举。当时，邓小平指出：目前我国的选举是由我国的社会情况、我们的选举缺乏经验以及文盲尚多等实际条件决定的。我们要切合实际，根据我国的特点决定选举制度和管理方式。随着我国经济、政治、文化的发展，我们一定会采用更为完备的选举制度。

1979年，我国扩大了直接选举人大代表的范围，规定实行差额选举。

1986年，我国各级人大代表一律实行差额选举。

2007年，人大代表进行换届选举，采用直接选举与间接选举相结合的方式。其中，县、乡人大代表实行直接选举。各级人大代表的选举实行差额选举。

2010年，我国实行城乡按相同人口比例选举人大代表。

想一想：根据我国人大代表的选举发展历程，分析影响选举方式的因素有哪些？

现阶段，根据我国处于社会主义初级阶段的基本国情，面对人口众多、幅员辽阔、发展很不平衡的状况，我国将在相当长的一段时间内普遍采取直接选举与间接选举相结合的差额选举方式。随着经济社会的发展和公民的民主素养的提高，我国人民代表的选举还会得到进一步的完善。

人民代表代表广大人民的利益和意志，依照宪法和法律赋予的各项职权行使国家权力。人民代表在行使自己各项职权的同时，与人民群众保持密切联系，听取和反映人民群众的意见和要求，努力为人民服务，对人民负责，并接受人民监督。可见，对人民负责、受人民监督是人民代表大会制度的关键。

人大代表代表广大人民在国家权力机关行使管理国家的权力，除审议各项议案、表决各项决定外，还享有提案权和质询权。所谓提案权，是指人民代表有权依照法律规定的程序，向人民代表大会提出议案。所谓质询权，是指人民代表有权根据法律规定的程序，对政府等机关的工作提出质问并要求答复。

由选民通过民主选举程序选举产生人大代表，由他们组成各级人民代表大会行使国家权力，这构成了人民代表大会制度的前提和基础。

3. 人民代表大会制度：根本政治制度

在我国，同人民民主专政的国体相适应的政权组织形式，就是实行民主集中制的人民代表大会制度。我国的人民代表大会制度，是中国共产党把马克思主义基本原理同中国具体实际相结合的伟大创造，是近代以来中国社会发展的必然选择，反映了全国各族人民的共同利益和共同愿望。

我国人民代表大会制度的组织和活动原则是民主集中制。民主集中制是民主基础上的集中和集中指导下的民主相结合的制度。这个原则体现在以下几个关系上：

在人民代表大会与人民的关系上，人民代表由民主选举产生，对人民负责，受人民监督。在人民代表大会的活动中，法律的制定和重大问题的决策，由人大代表充分讨论，实行少数服从多数的原则，民主决定。对有违反人民意志、损害人民利益的行为的不称职的代表，人民有权按照法律程序予以罢免。

在人民代表大会与其他国家机关的关系上，人民代表大会是国家权力机关，国家行政机关、司法机关都由人民代表大会产生，对它负责，受它监督。人民代表大会统一行使国家权力，人民代表大会所决定的事项由相应的国家行政机关和司法机关贯彻执行。

在中央和地方国家机关的关系上，要遵照中央的统一领导，同时合理划分中央和地方国家机关的职权，以充分发挥中央和地方的两个积极性。

由以上分析可以看出，人民代表大会制度是按照民主集中制原则，由人民选举代表，组成人民代表大会作为国家权力机关，再由人民代表大会产生其他国家机关，依法行使各自的职权。人民代表大会是这一制度的基石。这就是有中国特色的人民代表大会制度的基本内容。

人民当家做主是社会主义民主政治的本质和核心，人民代表大会制度以人民当家做主为宗旨，真正保障人民群众参加国家管理，保障国家各项工作体现人民的意志和利益，显示出中国特色社会主义民主政治的鲜明特点。人民代表大会制度是适合我国国情、体现社会主义国家性质、能够保证中国人民当家做主的根本政治制度。

我国的人民代表大会制度，是中国共产党把马克思主义基本原理同中国具体实际相结合的伟大创造，是近代以来中国社会发展的必然选择，它同人民民主专政的国体相适应，反映了全国各族人民的共同利益和共同愿望。

读一读

我国第十二届全国人大代表总数2 987人，其中，工人、农民551人，知识分子631人，干部968人，民主党派和无党派爱国人士480人，人民解放军268人，香港特别行政区36人，澳门特别行政区12人，归国华侨38人。其中少数民族代表415人、妇女代表604人。这样广泛的代表性，有利于将人民群众各方面的意见和要求集中到人民代表大会中来，也有利于人民代表大会代表人民的意愿行使国家权力。

可见，人民代表大会制度是我国的根本政治制度，人民代表大会制度直接全面地反映了我国的阶级本质，是我国国家机构得以建立、健全和国家政治生活得以全面开展的基础，是其他政治制度的核心，而且反映了我国政治生活的全貌。

实践充分证明，人民代表大会制度是具有中国特色的政权组织形式。我们实行这样的政体，是历史的选择，也是人民的意愿。同西方资本主义国家实行的议会制度相比，我国的人民代表大会制度具有无可比拟的优越性，具体表现在以下三个方面：

第一，有利于保证国家权力体现人民的意志。人民不仅有权选择自己的代表，随时向代表反映自己的要求和意见，而且对代表有权进行监督，有权依法撤换或罢免那些不称职的代表。

第二，有利于保证中央和地方的国家权力的统一。在国家事务中，凡属全国性的，需要在全国范围内做出统一决定的重大问题，都由中央决定；凡属地方性的问题，则由地方根据中央的方针因地制宜地处理。这样既保证了中央的集中统一领导，又发挥了地方的积极性和创造性，使中央和地方形成有机的统一整体。

第三，有利于保证我国各民族的平等和团结。依照宪法和法律规定，在各级人民代表大会中，都有适当名额的少数民族代表；在少数民族聚居地区实行民族区域自治，在自治区设立自治机关，行驶政府职能，管理本地区、本民族的内部事务。

总之，人民代表大会制度是适合我国国情的根本政治制度，只有实行这一制度才能保证国家沿着社会主义道路前进。正如邓小平指出的："我们实行的就是人民代表大会一院制，这最符合中国实际。如果政策正确、方向正确，这种体制益处很大，很有助于国家的兴旺发达，避免很多牵扯。"因此，我们必须坚持和完善人民代表大会制度。

（二）我国的国家结构形式

1. 国家结构形式的类型

读一读

苏格兰于2014年9月18日举行独立公投，以决定苏格兰是否脱离英国独立。根据苏格兰选举委员会的建议，公投的问题设计为"苏格兰是否应该成为独立的国家"，答案选项为"是/否"。2014年9月19日，苏格兰独立公投计票结果公布，55.8%、共1 877 252名选民对独立说"不"。英国继续保持统一。

国家结构形式是指特定国家的统治阶级根据一定原则采取的调整国家整体与部分、中央与地方相互关系的形式。如果说政体或者说政权组织形式是从横向表现国家政权体系，那么国家结构形式则是从纵向表现国家政权体系。正因为如此，国家结构形式对于统治阶级实现统治职能同样具有极为重要的意义。

由于各国具体国情不同，因而采取的国家结构形式也不尽相同。概括说来，现代国家的国家结构形式主要有单一制和复合制，复合制主要有联邦制和邦联制。

单一制是指国家由若干普通行政单位或者自治单位组成，这些组成单位都是国家不可分割的一部分的国家结构形式。单一制国家结构形式在国家纵向权力配置和国家机关之间的关系方面有如下特点：①从法律制度上看，单一制国家只有一部宪法，有关国家权力的配置和国家机关的设置及相互关系，均由该宪法予以规定。②从政权组织形式上看，除有个别比较特别的地方外，中央和地方均采用相同的政府体制，即一般只有一套政府体制。③在权力配置上，地方权力来源于中央的授予，国家权力的重心在中央。④在国际关系中，只有一个国际法主体，其地方一般不能作为国际法的主体参与国际事务。⑤公民具有统一的国籍。⑥地方作为国家的行政区域单位，是国家不可分割的一部分，不具有独立性，没有从国家分离出去的权力。

读一读

全美有17个州及首都特区已经通过法律，允许居民在医疗中合法使用大麻，但在其他州居民即便是医疗使用大麻也是非法的。举例来说，有人在华盛顿特区以医疗为由取得大麻是合法的，但在邻州马里兰州或弗吉尼亚州就是非法的。又比如离婚后的财产分割，康涅狄格州与纽约州就不一样。根据纽约州的法律，一旦提出离婚，在法官宣判前，任何资产的增加都必须分开计算，不得作为共有财产；但在康涅狄格州却正好相反。

联邦制是指国家由两个或者两个以上的成员单位（如邦、州、共和国）组成的国家结构形式。联邦制国家有下列特点：①除联邦宪法外，还有成员国或加盟国的宪法。②有多套政府体制。在联邦制国家，除联邦中央政府体制外，各成员国或加盟国都还具有自己特色的政府体制。③在联邦制国家，联邦权力来源于成员国或加盟国的让与，一般由联邦宪法以列举的方式规定，剩余权力属成员国或加盟国。④联邦制国家，公民有双重国籍，即公民既是联邦的公民，一般在国际法上使用联邦公民资格，又是成员国或加盟国的公民。⑤在国际关系中，有些联邦国家在法律上允许成员国或加盟国作为完全的国际法主体参与国际事务，⑥在有些联邦制国家，成员国或加盟国在法律上拥有脱离联邦的权力。

读一读

邦联是两个或两个以上的国家为了达到军事、贸易或其他共同目的而形成的一种国家联合，如现代的欧盟、东盟等实际上就是邦联。历史上形成的

"英联邦"（The commonwealth），实际上就是一个邦联。是由一些主权国家如英国、澳大利亚、加拿大、印度等国家构成。联邦制和邦联制通称为复合制国家，复合制国家是由两个或两个以上的成员单位（如邦，州，共和国等）联合组成的联盟国家或国家联盟。

2. 我国的国家结构形式

我国宪法规定："中华人民共和国是全国各族人民共同缔造的统一的多民族国家。"这一规定表明，单一制是我国的国家结构形式。具体表现在：第一，在法律制度方面，我国只有一部宪法，只有一套以宪法为基础的法律体系，维护宪法的权威和法制的统一是国家的基本国策。第二，在国家机构方面，只有一套包括最高国家权力机关、最高国家行政机关和最高国家司法机关的中央国家机关体系。第三，在中央与地方的关系方面，无论是普遍的省、县、乡行政区域，还是民族自治区域，或者特别行政区域，都是中央人民政府领导下的地方行政区域，不得脱离中央而独立；台湾是中华人民共和国不可分割的一部分。第四，在对外关系方面，中华人民共和国是一个统一的国际法主体，公民只有统一的中华人民共和国国籍。

读一读

我国《反分裂国家法》规定："世界上只有一个中国，大陆和台湾同属一个中国，中国的主权和领土完整不容分割"；"解决台湾问题，实现祖国统一，是中国的内部事务，不受任何外国势力的干涉"；"'台独'分裂势力以任何名义、任何方式造成台湾从中国分裂出去的事实，或者发生将会导致台湾从中国分裂出去的重大事变，或者和平统一的可能性完全丧失，国家得采取非和平方式及其他必要措施，捍卫国家主权和领土完整"。

决定我国采取单一制国家结构形式的原因主要有两大方面：第一大方面是历史原因。我国自秦始皇统一中国以来建立的就是统一的中央集权制国家。尽管也曾有过分裂割据的状态，但时间较短，而国家统一的局面则一直居于主导地位。这样一种持续数千年不散的大一统中央集权的政治格局，有其深刻的原因：一是农耕文化与在此基础上形成的儒家“大一统”观念，奠定了中央集权的文化底蕴；二是宗法制度和官僚制度加固了中央集权的政治基础；三是民族融合和对中华民族的认同，形成了中央集权国家的民族凝聚力；四是较为封闭的地理环境和抵御江河泛滥的需要，为中央集权国家提供了自然条件和驱动力；五是近代以来的外族入侵，危及了中华民族的生存，自保求存的民族生存本能，进一步加强了各族人民的团结。长期的历史传统，决定了我们必须建立单一制的国家结构形式。

第二大方面是民族原因。我国是一个多民族国家，各民族的历史状况和民族关系决定了在我国的具体条件下，不适宜采取联邦制，而应该采取单一制的国家结构形式。具体表现在：一是我国民族关系的历史发展状况，决定了实行单一制是各族人民的共同心愿；二是我国的民族成分和民族分布状况，决定了实行单一制有利于民族团结；三是我国自然资源分布和经济发展不平衡的状况，决定了实行单一制有利于各民族的共同繁荣；四是我国所处的国际环境和国际斗争形势，决定了实行单一制有利于国家的统一和各民族的团结。总之，我国实行单一制的国家结构形式，建立统一的多民族国家，既是我国历史发展的必然结果，也是我国民族状况的必然要求，符合各族人民的根本利益。

3. 统一的国家，神圣的主权

一个国家采取何种国家结构形式，是阶级、民族、历史和文化等因素综合起作用的结果。无论采取什么样的国家结构形式，人口、领土、政权和主权始终是国家存在和发展的基本条件，也是选择国家结构形式时必须面对的基本问题。

在近代欧洲和美洲，建立统一的民族国家曾经是资产阶级革命的重要任务，对现代国家的形成及其结构形式产生了重要影响。在当代中国，实现祖国的和平统一，是全体人民的共同意志。世界上只有一个中国，大陆和台湾同属一个中国，这是国际社会的广泛共识。中国的主权和领土完整不容分割。任何制造“台湾独立”的图谋，终究是不能得逞的。“一个国家，两种制度”，是我国实现祖国和平统一的基本方针。它是党和政府根据实事求是的原则，在尊重历史和现实的基础上，根据中国的国情在考虑和平解决台湾问题、香港问题和澳门问题的过程中，逐步形成的。

探究与共享

香港特别行政区的区旗是五星花蕊的紫荆花红旗，香港特别行政区区旗所使用的红旗代表祖国，白色紫荆花代表香港，紫荆花红旗寓意香港是祖国不可分离的一部分。花蕊上的五星象征香港同胞热爱祖国，旗、花分别采用红、白不同颜色，象征“一国两制”。澳门特别行政区的区旗是绘有五星、莲花、大桥、海水图案的绿色旗帜。其中五星是代表统一的中国；三朵含苞待放的白莲花象征澳门特区是由三个岛组成的吉祥之地；绿色代表祖国大地。

2014年2月，习近平总书记在钓鱼台国宾馆会见中国国民党荣誉主席连战及随访的台湾各界人士时强调，希望两岸双方秉持“两岸一家亲”的理念，顺势而为，齐心协力，推动两岸关系和平发展取得更多成果，造福两岸民众，共圆中华民族伟大复兴的中国梦。

思考：特别行政区的设立是否意味着我国的国家结构形式发生了变化？为什么？

为维护国家统一，一方面要维护民族团结，一方面要维护国家领土和主权完整。维护民族团结，就要不断增强包括各民族在内的全体人民的凝聚力和向心力；维护国家领土和主权完整，就要坚决反对任何外来势力的入侵或侵占，坚决反对分裂国家的行为。

话题三　为人民服务的政府

在社会生活中，我们每时每刻都感受到国家的作用，国家就如同一部机器那样在不停地运转。例如，我们读书的学校大多是由国家开办的；日常使用的货币是国家通过中国人民银行发行的；出门乘坐的公共汽车、火车、轮船、飞机大多是由国企生产的；日常生活的气象、广播电视、文化娱乐等服务性的公共设施也多是由国家建设的；人们生活所必需的安定的社会秩序、和平的生活环境和需要进一步优化的生态环境等，更是离不开国家的管理……

探究与共享

根据中宣部、财政部、文化部、国家文物局联合下发的《关于全国博物馆、纪念馆免费开放的通知》要求，全国各级文化、文物部门归口管理的公共博物馆、纪念馆、全国爱国主义教育示范基地全部实行了免费开放。

为进一步发动群众，公安部公布了“打四黑除四害”举报电话、电子信箱和信箱地址，欢迎广大人民群众积极举报违法犯罪活动线索。

2013年3月30日确诊人感染H7N9禽流感病例，国家卫生和计划生育委员会第二天就发布了详细的疫情信息。官方公布的信息已具体到地方和人，以及患者患病经过和诊疗过程。国家卫生和计划生育委员会还及时在其网站上发布预防禽流感的相关信息，并持续更新与疫情相关的信息。

上述材料表明我国政府履行了那些职能？

政府履行职能对我们的生活有什么影响？

全国人民代表大会及地方各级人民代表大会是国家的权力机关，我国政府（国务院及地方各级人民政府）是国家权力机关的执行机关，是国家的行政机关。我国的行政机关（政府）由国家权力机关产生并对其负责、受其监督。

人民当家做主的社会主义国家性质，决定了我们的政府是为人民服务的政府。大到社会的管理，小到公民的日常生活，我们时时刻刻感受到政府的作用。那么，政府作为国家的行政机关，履行什么职能？

一、政府的职能——管理与服务

国家机器发挥它的作用，就是国家在履行其职能。我国政府是国家权力机关的执行机关，是国家行政机关，其基本职能包括以下几个方面。

（一）政治职能——维护政治统治和政治稳定的职能

政府担负着保卫国家的独立与主权，依法打击极少数敌对势力和敌对分子的破坏活动，惩治犯罪，维护社会治安和社会秩序，保护国家、企业和个人的合法财产不受侵犯，保护公民的生命安全及各种合法权益，保障人民民主，协调人民内部矛盾，打击违法犯罪活动，维护国家的长治久安的职能。

探究与共享

2015年7月13日14时30分，S市公安局在副市长的现场直接指挥下，组织有力，快速反应，依法果断将藏匿在H区东顺城内街86号一出租房内的蒙面持刀拒捕的4名（3男1女）恐怖分子击毙3人击伤1人，处置过程中未造成人员伤亡和社会影响。

除了公安机关打击恐怖主义以外，请思考我国政府还有哪些职能机关可以通过哪些手段来维护社会的长治久安？

（二）经济职能——组织社会主义经济建设

我国现阶段的根本任务是集中力量进行社会主义现代化建设，以经济建设为中心，大力发展社会生产力，不断满足人民群众日益增长的物质和文化生活需要。在社会主义市场经济条件下，政府在经济建设中负有重要职能，主要是进行宏观调控、市场监管、社会管理和公共服务，以促进社会经济发展，提高生产力和人民生活水平。

做一做

判断下面各项措施分别属于经济职能中的哪项内容：

①某市工商局主要负责对市场环境进行专项治理行动。

②国家统计局公布2011年11月份CPI和PPI两个经济数据。

③浙江省采用科学的方法管理小商小贩，给小商小贩留足生存空间。

④某市政府制定并实施经济发展规划。

（三）文化职能——组织社会主义文化建设

一方面，政府宣传马克思主义科学理论和科学文化知识，引导人民抵制各种错误思想和腐朽思想的影响，提高全民族的思想道德素质和科学文化素质；另一方面，政府组织和发展教育、科技、文化、卫生、体育等各项事业，努力提高国家文化软实力。

读一读

在2015年3月16日正式公布的《中国足球改革总体方案》中，规定各地中小学把足球列入体育课教学内容，加大课时比重。全国中小学校园足球特色学校在现有5 000多所的基础上，在2020年达到2万所，2025年达到5万所。此外，将完善足球保险机制，增加政府购买服务，提升校园足球安全保障水平。

（四）社会公共服务职能——为经济的发展、社会的进步创造良好的社会和自然环境

在建设社会主义和谐社会的过程中，国家提供各种社会公共服务。例如，建立和健全社会保障制度，政府要加快健全基本公共服务体系，保证人民学有所教、劳有所得、病有所医、老有所养、住有所居；兴办各种公共工程，完善各种公共设施；控制人口增长，促进优生优育；推进生态文明建设，坚持节约资源和保护环境的基本国策，保护公共环境，防治污染，保持生态平衡等。

读一读

北京市人民政府印发的《北京市空气重污染应急预案》称，北京将建立健全环保、气象部门联合会商预报机制，根据地理、气象条件和污染物排放状况，每日对空气质量进行预测预报，遇空气重污染时增加会商预报频次。北京市环保部门或其授权的监测机构统一发布空气质量状况和预测预报信息，并不断拓展信息发布渠道，便于公众及时知晓。依据空气质量预测结果，综合考虑空气污染程度和持续时间，将空气重污染预警分为4个级别，由轻到重依次为蓝色预警（预警四级）、黄色预警（预警三级）、橙色预警（预警二级）和红色预警（预警一级）。

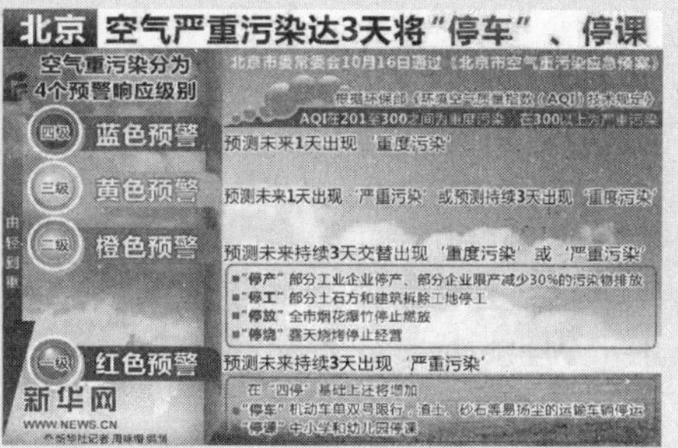

在社会生活中，政府承担着重要的职能，并不意味着政府包办一切。政府职能是有明确定位的，有政府该管的事情，也有政府不该管的事情。政府职能的履行不能出现缺位、错位和越位。否则，必然导致机构臃肿、行政效率低下、政府不作为以及损害人民利益、束缚市场活力等恶果。服务型政府的根本目的是进一步提高为经济社会发展服务的能力和水平。

在新时期，人民需要一个了解民情、反映民情、集中民智、珍惜民力、为人民服务的政府。我国正加快行政管理体制改革，努力建设服务型政府，进一步提高政府为经济社会发展服务、为人民服务的能力和水平。

二、政府的责任——对人民负责

探究与共享

解读一个市长的承诺

年初，某市政府召开新闻发布会，发布上一年度市政府承诺要做的实事完成情况，公布市政府在新的一年将继续为群众办好的23件实事，其中有以下几个方面。

新增就业岗位60 000个，实现下岗失业人员再就业25 000人，安置就业困难对象4 000人，培训下岗失业人员20 000人以上。

新建乡村柏油路1 579千米，使94%的行政村通柏油路，解决60 000农村人口饮水困难问题，再建设600个文明生态村。

市建立动物防疫监督总站，县（市）区建立动物防疫监督站，乡镇建立动物防疫站，形成完备的三级动物防疫执法监督、疫情监测、疫病防治网络。

建成市、县两级疾病控制中心和市传染病医院综合门诊楼，新增城镇参保职工60 000人。

改造学校旧校舍20万平方米。

归纳市政府承诺的内容，想一想，市政府最关注的问题有哪些？

假如我们是该市市民，市政府的承诺与我们有什么关系？

（一）坚持对人民负责的原则

在日常生活中，我们每时每刻都会感受到政府的作用。一方面，人们的社会生活受到政府的管理。例如，新生婴儿的父母要向派出所登记户口，个人办企业、开商店要到工商管理部门登记注册等。另一方面，人们又享受着政府提供的公共服务。例如，我们读书的学校大多数是政府开办的；日常使用的人民币是由中国人民银行发行的；日常离不开的气象服务、广播、电视等大多数是政府提供的；想有安定的社会秩序、和平的生活环境和优美的生态环境，离不开政府的服务。

我国政府的宗旨是为人民服务，政府工作的基本原则是对人民负责。

坚持为人民服务的工作态度。政府及其工作人员要牢固树立为人民服务的思想，真诚地对人民负责，为人民谋利益。政府工作人员在执行公务过程中，必须深入群众，关注民生，体察民情，尊重民意，不能损害人民利益，违法失职行为要受到追究。

读一读

《中华人民共和国宪法》规定：一切国家机关和国家工作人员必须依靠人民的支持，经常保持与人民群众的密切联系，倾听人民的意见和建议，接受人民的监督，努力为人民服务。

树立求真务实的工作作风。我们的政府不断健全基本公共服务体系，提高行政效率，增强服务意识，努力使政府的各项工作经得起实践、群众和历史的检验。

坚持从群众中来到群众中去的工作方法。政府通过各种途径，依靠各种群众组织、社会团体广泛地收集群众的意见和建议，认真对待群众的来信来访，诚心诚意地为群众办实事，尽心竭力地为群众解决难题、做好事。

（二）求助有门，投诉有道

在社会生活中，每个人都难免遇到难题，自己的合法权益还可能受到侵害。这时，我们除了可以从单位、社会团体等方面得到帮助之外，还可以求助于政府。政府为公民求助或投诉提供了多种途径，例如，政府建立了行政裁决、行政复议制度。国家还建立了行政诉讼制度，为公民求助或投诉提供了法律途径。

1. 开设热线电话

政府向社会公布市长、区长等专线电话和各行政职能部门的热线电话，并且对受理时间和受理范围作出了详细规定。

2. 设立信访部门

政府专门设立信访部门，负责接收群众来信来访工作，听取群众的意见，为群众排忧解难。

3. 推行电子政务

政府通过网站提供网上办事项目，随时接收市民通过网络传来的信息，为群众提供方便、快捷、透明的电子化“一站式”政务服务。

4. 依法建立行政裁决、行政复议和行政诉讼制度

当群众发生纠纷无法协调时，可以向政府申请行政裁决。当群众对政府机关的某一具体行政行为不服时，可以向其上级机关申请行政复议或向人民法院提起行政诉讼。

读一读

行政裁决是指行政机关或法定授权的组织依照法律授权，对当事人之间发生的、与行政管理活动密切相关的、与合同无关的民事纠纷进行审查，并做出裁决的具体行政行为。

行政复议是指公民、法人或者其他组织不服行政主体做出的具体行政行为，认为行政主体的具体行政行为侵犯了其合法权益，依法向法定的行政复议机关提出复议申请，行政复议机关依法对该具体行政行为进行合法性、适当性审查，并做出行政复议决定的行政行为，是公民、法人或其他组织通过行政救济途径解决行政争议的一种方法。

行政诉讼是个人、法人或其他组织认为国家机关做出的行政行为侵犯其合法权益而向法院提起的诉讼。

公民要学会向政府部门求助或投诉，这有助于解决自己的质疑和困难，有利于维护自身的合法权益，也有助于政府不断改进工作。

我国政府的权力是人民赋予的，只能用来为人民谋利益，不能用来谋取私利。要保证人民赋予的权力始终用来为人民谋利益，就必须让权力在阳光下运行，接受人民的监督。

对处罚结果不服可申请行政复议

三、政府的权力——依法行使

（一）依法行政

我国政府的职权由人民赋予，因此，它是为人民服务、对人民负责的政府，其权力具有公共性和公益性。事实上，只要是民主国家，其政府权力就是一种公共权力。

所谓公共权力，是指在公共管理的过程中，由政府官员及其相关部门掌握并行使的，用以处理公共事务、维护公共秩序、增进公共利益的权力。公共权力来源于人民。公共权力的产生是为了维护社会公共秩序，增进社会公共利益。公共权力的运行过程实际上就是把权力的运行机制应用到经济、社会公共事务的管理之中，进而实现一定的经济、社会目标。

探究与共享

镜头一：某市环保局发文规定，辖区内从事餐饮行业的商户必须统一安装某一品牌的油烟净化器，否则不予办理排污许可证。而没有排污许可证，商户的工商、税务年检将无法过关。

镜头二：某市政府为奖励纳税大户，宣布凡是年纳税额超过50万元的企业，其法人代表若发生违反交通规则的行为，可免予追究责任。

上述两政府部门分别做出的决定对吗？说说你的看法。政府及其工作人员应如何行使权力？

我国实行依法治国，建设社会主义国家。政府及其工作人员的权力由法律授予，行使行政权力必须依据宪法和法律规定。政府依法行使行政权力，提高行政管理水平，体现了依法治国、对人民负责的原则。

依法行政的具体要求是合格行政、程序正当、权责统一等。

政府依法行政具有重要意义。政府依法行政，有利于保障人民群众的权利和自由；有利于加强廉政建设，保证政府及其工作人员不变质，提高政府威信；有利于防止行政权力的缺失和滥用，提高行政管理水平；有利于带动全社会尊重法律、遵守法律、维护法律，推进社会主义民主法制建设。

（二）审慎决策

政府权力的行使，包括决策、执行、监督等环节。政府的决策关系到广大人民群众的利益，因此政府必须审慎行使决策权力，坚持科学决策、民主决策和依法决策。

在科学决策方面，不断完善决策信息和智力支持系统，提高决策的科学性；在民主决策方面，增强决策透明度和公众参与度，使决策更好地反映民意、集中民智；在依法决策方面，坚持决策内容必须符合法律的规定和要求，决策过程必须符合法定程序。

政府决策关系国计民生。为减少决策的失误，我国政府正在建立健全决策问责和纠错制度，凡是损害群众利益的做法都要坚决防止和纠正。

读一读

2006年厦门市引进一项二甲苯化工项目（厦门市海沧PX项目），该项目是厦门“有史以来最大的工业项目”。

自项目立项以来，遭到了越来越多人士的质疑。因为该项目中心距离国家级风景名胜区鼓浪屿只有7千米，距离厦门外国语学校和北师大厦门海沧附属学校仅4千米。

2007年5月30日，厦门市政府常务副市长丁国炎在新闻发布会上宣布，厦门市政府决定缓建PX化工项目，市政府已委托新的权威环评机构在原先的基础上扩大环评范围，进行整个化工区区域性规划环评，同时启动“公众参与”程序，充分倾听市民意见。

2007年12月13日，厦门市政府召开市民座谈会，让公众参与环评。

2007年12月16日，福建省政府针对厦门PX项目问题召开专项会议，最终决定迁建PX项目。

四、权力的行使——需要监督

（一）政府权力必须受监督

探究与共享

中央电视台《焦点访谈》栏目多年来备受人们关注，其中一个重要原因，就在于它为人民行使监督权提供了敏锐的“眼睛”。大量的具体问题经《焦点访谈》曝光后迅速得到有效解决。

为什么《焦点访谈》备受人们关注？

在我们国家，还可以通过哪些途径对政府权力进行监督？

我国政府是人民的政府，是人民意志的执行者和人民利益的捍卫者，其权力来自人民，也是为民所用、为民谋利的。一方面，政府管理着我们的公共生活，为我们提供各种公共服务；另一方面，政府的公权力严守自己的边界，通过改革不再介入可由市场完成的或可由社会自行解决的事务，属于公民私人领域的，公权力更是绝不轻易越雷池半步，并竭力保障和维护公民的私权利。

然而，从权力本身所具有的特性看，权力最容易成为脱缰野马。掌握权力的人借助于权力的力量而把自我凌驾于权力的作用范围之上，对于一个国家来说，则表现为凌驾于社会之上。当掌权者为了私人利益而操纵权力，政府的权力不受任何限制时，掌权者可能会利用人民赋予的权力去侵害公民的权利。人类文明的历史向世人昭示了这样一个道理：不受制约的权力必然导致腐败。必须让人民监督权力，让权力在阳光下运行，把权力关进制度的笼子。

（二）政府权力的制约和监督体系

探究与共享

2015年7月21日，交通运输部在其网站上发布了《交通运输部关于〈收费公路管理条例〉（修订征求意见稿）公开征求意见的通知》，提出从即日起至2015年8月20日，就《收费公路管理条例》（修订征求意见稿）通过交通运输部网站、电子邮箱、通信等三种方式向社会公开征求意见。

请问在推进《收费公路管理条例》修订工作中，是如何制约和监督政府权力的？

在建设社会主义民主政治的今天，为了防止公共权力运行的随意性，国家为治理腐败，从各个方面对政府权力进行了有效的监督和制约。

一是以法制权。十七大报告明确指出，要“加强宪法和法律实施，坚持公民在法律面前一律平等，维护社会公平正义，维护社会主义法制的统一、尊严、权威。推进依法行政……”，“实现国家各项工作法治化”。为了实现法律对权力的制约，国家不断完善相应的法律体系和执法程序，确保国家的各种权力摆脱以个人意志为转移的“人治”，而以法律为准绳，在规定的范围内规范地使用权力；加强对公共权力的依法监督，以完整的执法程序来维护法律的尊严，对那些以权代法、以权压法、以权谋私的行为依法严厉制裁。

二是以权制权。在我国目前的社会转型期，一是通过强化集体决策来制衡公共权力的运用；二是通过设置监督权来制衡公共权力的运用。十七大报告指出：“要坚持用制度管权、管事、管人，建立健全决策权、执行权、监督权既相互制约又相互协调的权力结构和运行机制。”

三是以德制权。要求政府必须树立公共精神和规制权力。公共精神是指引政府公共行政的价值导向，是保障政府公共性的道德规范。尽管在现代社会，民主宪政的制度安排对于保证政府的公共性具有根本意义，但是政府官员的信仰与政德也是不可或缺的因素。我们党开展“群众路线教育实践活动”和“三严三实”教育活动，强调领导干部一定要增强自律意识，加强自身的党性锻炼和从政道德修养，常修为官之德，常怀律己之心，常思贪欲之害，不为名所累，不为利所缚，堂堂正正做人，清清白白做官，严以律己，率先垂范，永葆人民公仆的本色。

四是以控制权。不受控制的权力是绝对的权力，绝对的权力必然导致权力腐败。权力需要自律，权力的运用离不开控制，控制是遏制和减少权力腐败的重要环节。有效控制需要通过授权（转授权）和检查监督来实施，有效的检查监督既能够维护权力的尊严，又能够使领导干部不拒绝、不逃避、不远离监督，使权力运行的全过程都处于有效监督之下。权力越大的人越需要监督，不仅要有党的监督、行政监督，而且要有群众监督、舆论监督。目前，我国已经依据宪法、法律，初步建立起全面的行政监督体系。它首先是行政机关的内部监督，包括上级政府的监督、监察部门的监督、审计部门的监督和法制部门的监督。同时还有其他国家机关的监督，包括国家权力机关（人大）和司法机关（法院和检察院）的监督。还必须有人民政协的监督、社会与公民的监督等多种监督形式。最重要的是中国共产党的监督，中国共产党作为社会主义现代化建设的领导核心，遵循“党管干部”的原则，更能对政府的权力进行有效监督。

政府接受监督是坚持依法行政、做好工作的必要前提和保证。政府只有接受监督，才能更好地合民意、集民智、聚民心，做出正确的决策；才能提高行政水平和工作效率，防止和减少工作失误；才能防止滥用权力，防止以权谋私、权钱交易等腐败行为，保证清正廉洁；才能真正做到权为民所用，造福人民，建立起一个人民信任的有威信的政府。

公共权力不越位，也不能缺位，政府要保证公共服务的有效供给，更多地保障公平正义的实现。权力要守规则，政府要依法行政。国家机关及其工作人员，一定要按照法定权限和程序行使权力、履行职责。在建设服务政府和责任政府的今天，我们必须防止政府公共性的流失，政府的公共性是建设服务政府和责任政府之根本。

五、政务的公开——阳光透明

读一读

《中华人民共和国政府信息公开条例》是为了保障公民、法人和其他组织依法获取政府信息，提高政府工作透明度，促进依法行政，充分发挥政府信息对人民群众生产、生活和经济社会活动的服务作用而制定的，于2007年1月17日国务院第165次常务会议通过，由中华人民共和国国务院2007年4月5日发布，自2008年5月1日起施行，共五章三十八条。

为了更好地为人民服务，近年来，我国各级政府陆续建立了信息公开制度和办事公开制度，政务公开内容更加丰富，领域不断拓展，取得了显著成效。

政务公开，是指狭义上的政府信息公开，是行政机关公开其行政事务，强调行政机关要公开其执法依据、执法程序和执法结果，使政府的工作内容公开化，属于办事制度层面的公开。对于政府正在筹划或准备进行的工作，如城市建设、道路规划、医疗保健措施、事务处理等各项工作内容及实施计划予以公开，使公民可以通过政务公开栏、政务公开网等途径进行查询、监督。

政务公开，有利于规范政府及其工作人员的行政行为，提高政府的公信力；更好地保障公民的知情权、参与权、表达权和监督权；便于公民监督政府的工作，维护自己的合法权益。

六、政府的威信——科学树立

探究与共享

某市政府宣布2014年12月29日17时40分召开新闻发布会，决定当日18时起以“即刻生效”的方式启动了汽车限购措施。而此前市政府曾表示，不会对汽车限购实行“突然袭击”。

对政府的这一决策，市民反映强烈：“政府没有经过任何听证程序，根本就是不顾市民感受，对于新政完全无力吐槽。”“限购后，是否真的能够缓解拥堵，我表示非常怀疑。”“担心政府下一步会有限号令，就是限制单双号出行，如果再搞突然袭击，政府威信何在。”

请你结合上述案例，分析政府威信应如何树立？

政府的威信是指政府在社会管理和公共服务过程中形成的威望和公信力。从根本上说，政府是为人民服务的，政府及其机关工作人员只有决策科学、执行顺畅、廉洁高效、业绩卓著，才能得到人民群众的支持和拥护，威信才能树立起来。政府的管理和服务是否真正为人民认可和接受，是区分政府有无权威的标志。

政府决策的科学性、依法决策的水平与政府威信紧密相连。政府实行科学决策、民主决策，充分利用法律手段来规范和管理自己，管理好社会公共事务，为群众提供优质的公共服务，树立起高效、廉洁和负责的政治形象，才能得到人民群众的广泛认可和支持。威信才能树立和维护。否则，人民群众就会感到不满和失望。

政府及其机关工作人员的德行操守是一种无形的影响力。这种影响力可促使政府与公民的关系趋向和谐，促进政府威信的形成。政府树立威信，要做到以下几个方面。

首先，政府及其机关工作人员要科学决策，依法行政，审慎用权，完善社会管理，优化公共服务，自觉接受人民监督，与人民群众保持和谐关系。

其次，政府及其机关工作人员要有良好的施政业绩。政府工作人员应成为科学发展的忠实执行者、社会和谐的积极促进者，脚踏实地不断改革创新，做出经得起实践和历史检验的业绩，切实把人民群众的利益放在首位，为群众所想、为群众所急、为人民谋利益。

最后，政府及其机关工作人员要重品行、做表率，牢记权为民所赋、权为民所用、情为民所系、利为民所谋，率先成为社会主义荣辱观的自觉实践者。

话题四　我国的政党制度

伴随着新中国的诞生，我国形成了中国共产党领导的多党合作和政治协商制度。这一政党制度与我国人民民主专政的国体、人民代表大会制度的政体相适应，在半个多世纪的实践中逐步完善，体现了鲜明的中国特色和显著的优越性。

一、政党

现在世界上无论是资本主义国家还是社会主义国家，大都存在着政党，并且由政党在国家政治生活中起着主导作用，政府的组成和国家权力的行使也多是通过政党来实现的。

政党是当今世界较为普遍的一种社会政治现象，它是代表一定阶级、阶层或社会集团的利益，通过执掌或参与国家政权以实现其纲领的政治组织。

第一，有政治纲领，是政党区别于一般社会团体的主要标志。政治纲领的目的在于供人们判断其性质和政策，以期将人民中具有共同意志的人们吸引到它的周围，或者说政党纲领就是具有共同意愿的人们达成共同政治意志的宣言。

第二，有特定政治目标，是政党区别于国家组织和社会团体的标志。国家是一个社会中全体人民的政治组织，而政党则是部分人民的政治组织。成立政党的目的在于执掌或维持政权，以实现自己的政治纲领，使自己的主张变为国家意志。无论政党采取什么样的政策或行动，其政策或行动总是由政权支配进行的。

第三，有一套完整的组织系统。政党的组织是政党存在的形式，政党一般都有一套从中央到地方的组织系统，通过各级组织把党员聚集起来，以实现该党的纲领。

第四，有党的组织纪律。政党作为其党员共同行动的组织，必须有党的纪律并对党员加以约束，才能向一个目标共同前进。但各国政党性质的不同，决定了纪律的性质和执行纪律的严明程度不同。一般而言，资产阶级政党的纪律较为松弛，无产阶级政党的纪律较为严明。这与国家的政治状况和思想文化、历史等有关。

政党是社会经济和阶级斗争发展到一定阶段的产物。政党作为特殊的政治历史现象，不是与国家同时产生的，它是近代资本主义的产物。最早的政党是17世纪70年代英国资产阶级革命过程中产生的辉格党和托利党。孙中山于1894年成立兴中会，是中国资产阶级政党的开始。第一个领导无产阶级革命取得胜利并建立无产阶级专政的无产阶级政党是俄国社会民主工党中的布尔什维克，它是在列宁领导下于1903年建立的。中国无产阶级政党——中国共产党于1921年在上海成立。

读一读

现代政党最初诞生于英国。1679年，在王位继承权的争论中，代表新兴资产阶级和新贵族利益的一派反对詹姆士继承王位；而代表地主、贵族利益的一派则支持詹姆士继承王位。由此成为两党，前者被反对者斥为"辉格党"（Whig，意为强盗，苏格兰骂人的话），后者则被反对者斥为"托利党"（Tory，意为歹徒，爱尔兰骂人的话）。1688年光荣革命后，两党支持在英国实行君主立宪制。1833年，托利党正式定名为保守党，辉格党定名为自由党，并形成了两党轮流执政的惯例。直到1922年后英国工党取代自由党，与保守党轮流执政，而自由党于1988年与原工党分裂的势力合并为英国自由民主党，实力有所增加，目前与工党和保守党并列为英国三大政党。2010年英国大选后保守党和自民党组建联合政府。

二、中国共产党的领导地位

（一）中国共产党执政地位的确立是历史和人民的选择

一部中国近现代史，是中国封建势力和西方列强相勾结，把中国变为半殖民地半封建社会的苦难史，也是中国人民反对帝国主义、封建主义、官僚资本主义的斗争史。

在20世纪上半叶，中国出现了三种建国方案。第一种方案先以北洋军阀、后以国民党统治集团为代表，主张实行地主买办阶级专政，继续走半殖民地半封建的道路；第二种方案以某些中间派或中间人士为代表，主张建立资产阶级共和国，走独立发展资本主义的道路；第三种方案以中国共产党为代表，主张建立工人阶级领导的、以工农联盟为基础的人民共和国，经过新民主主义走向社会主义。这三种方案在中国人民的实践中反复地受到检验，第一种方案被人民抛弃了，它的代表者的统治也被推翻了；第二种方案没有得到人民赞同，它的多数代表者后来也承认这个方案在中国无法实现；只有第三种方案赢得了包括民族资产阶级在内的最广大人民群众的拥护。中国共产党的领导和执政地位的确立，是中国社会历史发展的必然结果，是在长期艰苦卓绝的斗争中形成的，是中国人民在历史的进程中经过比较、鉴别做出的正确选择。

（二）中国共产党的性质

中国共产党是中国革命和建设的领导核心，这是由党的性质所决定的。

中国共产党成立于1921年7月，从1949年10月至今是中华人民共和国唯一的执政党。中国共产党是中国工人阶级的先锋队，同时是中国人民和中华民族的先锋队，是中国特色社会主义事业的领导核心，代表中国先进生产力的发展要求，代表中国先进文化的前进方向，代表中国最广大人民的根本利益。中国共产党全心全意为人民服务，赢得了中国人民的拥护和爱戴。

（三）中国共产党是中国社会主义事业的领导核心

中国近现代史证明，只有中国共产党的领导，才能够肩负起民族的希望，才能领导中国人民把历史推向前进。没有共产党，就没有新中国；没有共产党，就不能发展中国。这就是历史的结论。正如邓小平所指出的：党离不开人民，人民也离不开党，这不是任何力量能够改变的。

辩一辩

有人说，搞革命，砸烂旧世界，建立新中国，要由共产党来领导，这是正确的；现在，搞现代化建设，不一定要共产党领导。这种说法对吗？为什么？

第一，只有坚持共产党领导，才能坚持和发展中国特色的社会主义。中国共产党运用马克思主义的立场、观点和方法，根据我国现代化建设中出现的新情况、新问题，制定出符合中国国情的社会主义现代化建设的路线、方针和政策。

第二，只有坚持共产党领导，才能最广泛、最充分地调动一切积极因素，实现全面建设小康社会的宏伟目标。社会主义现代化建设，是全国人民的事业，只有依靠和充分发挥全国人民的智慧和积极性才能实现。中国共产党代表全体人民的根本利益，同广大人民群众联系最密切，能够团结全体人民步调一致地奋斗。中国共产党的路线、方针、政策，符合我国的国情，能够组织和领导全国人民，以高昂的革命热情，为实现社会主义现代化建设的宏伟目标努力奋斗。

第三，只有坚持共产党领导，才能维护国家的统一、民族的团结，为社会主义现代化建设创造稳定、和谐的社会环境和安定团结的社会政治局面，这是社会主义现代化建设必须具备的社会环境。而稳定的社会环境，只有在共产党的领导下才能实现。

（四）中国共产党的执政方式

中国共产党的领导和执政地位是中国历史发展的必然结果，是中国人民的正确选择。中国共产党不仅有历史和人民赋予的执政地位，而且具有与时俱进的执政能力。

中国共产党执政60多年来，执政方式经历了从以政策为主，到政策法律并举，到高度重视依法治国的执政方式的根本转变。

党的十六大以来，全党加强了执政方式的探索和研究，逐步形成了具有时代特色的党的执政方式。党的十六届四中全会通过的《中共中央关于加强党的执政能力建设的决定》，提出了加强党的执政能力建设的总体目标，通过全党的共同努力，使党始终成为立党为公、执政为民的执政党，成为科学执政、民主执政、依法执政的执政党。

读一读

2014年2月7日，国家主席习近平接受俄罗斯电视台专访时说："中国共产党坚持执政为民，人民对美好生活的向往就是我们的奋斗目标。我的执政理念，概括起来说就是：为人民服务，担当起该担当的责任。"

1. 立党为公、执政为民的执政本质

坚持立党为公、执政为民，必须落实到党和国家制定和实施方针政策的工作中去，必须落实到各级领导干部的思想和行动中去，必须落实到关心群众生产生活的工作中去。各级领导干部都要牢固树立全心全意为人民服务的思想和真心实意对人民负责的精神，做到心里装着群众，凡事想着群众，工作依靠群众，一切为了群众，坚持权为民所用、情为民所系、利为民所谋，为群众诚心诚意办实事、办好事，尽心竭力解决困难。要时刻把群众的安危冷暖挂在心上，对群众生产生活面临的困难，一定要带着深厚的感情帮助解决，切实把党和政府脱贫解困的各项政策措施落到实处。

探究与共享

2004年沈浩同志被组织派到安徽省凤阳县小岗村任党支部书记，后又被选为村委会主任。沈浩扎根基层、鞠躬尽瘁引领农民奔小康，成为人民群众离不开的好干部、好党员。六年中，他用脚步丈量小岗村的每一寸土地，鞋底总是沾满泥土；他同村民一起修路，双手磨起了水泡；他为小岗村的发展殚精竭虑，对群众的冷暖万般牵挂……2009年11月6日，他积劳成疾不幸倒在工作岗位上，年仅45岁。人们这样评价沈浩："两任村官呕心沥血带领一方求发展，六载离家鞠躬尽瘁引导万民奔小康。"

从沈浩的事迹来看，共产党人应该怎样当好人民公仆？如何做到立党为公、执政为民？

2. 科学、民主、依法的执政方式

面对新的历史条件下国内外环境的深刻变化，中国共产党明确提出要加强党的执政能力和党的先进性、纯洁性建设，并且把科学执政、民主执政、依法执政作为加强党的执政能力建设的总体目标之一，体现了党审时度势、居安思危的忧患意识和执政为民、造福人民的责任意识。

科学执政，就是遵循共产党执政规律、社会主义建设规律、人类社会发展规律，以科学的思想、制度和方法领导中国特色社会主义事业。科学执政是建立在对客观规律认识的基础上，要真正认识并掌握客观规律。当前要实行科学执政，最重要的就是落实科学发展观，实现决策科学化。

读一读

从2014年开始，国家对大气污染的防治工作不断加强。1月，为贯彻落实《大气污染防治行动计划》，环保部与全国31个省、自治区、直辖市签署了《大气污染防治目标责任书》。这份沉甸甸的“军令状”对各省、自治区、直辖市提出了明确的空气质量改善目标，其中，到2017年，北京、天津、河北的PM2.5年均浓度要下降25%，山西、山东、上海、江苏、浙江下降20%，广东、重庆下降15%，内蒙古下降10%。2013年，我国确立了政绩考核的“绿色指挥棒”，不再以GDP论英雄，加大了对资源消耗、环境损害、生态效益等指标的考核。《大气污染防治行动计划》也明确提出，要把改善环境质量作为经济社会发展的约束性指标纳入考核体系，治理效果与政绩直接挂钩。

民主执政，一是坚持为人民执政，靠人民执政，支持和保证人民当家做主，坚持和完善人民民主专政，坚持和健全民主集中制，以发展党内民主带动人民民主，扩大最广泛的爱国统一战线；二是发展党内民主，推动人民民主，不断健全社会主义民主政治制度，丰富民主形式，扩大公民有序的政治参与，最大限度地调动人民群众的积极性。

依法执政，就是各级政府及其机关工作人员要坚持依法治国，领导要带头

守法、执法，不断推进国家经济、政治、文化、社会生活的法制化、规范化，使党的主张通过法定程序上升为国家意志，从制度上、法律上保证党的路线、方针、政策的贯彻实施。当前，实行依法执政，最重要的就是党的各级组织和领导要带头维护宪法和法律，并督促、支持和保证国家机关依法行使职权。

读一读

支持人民代表大会依法履行职能，使党的主张通过法定程序上升为国家意志是党依法执政的重要体现。

宪法是国家的根本法，是治国安邦的总章程，具有最高法律地位。

1982年12月4日五届全国人大五次会议通过了《中华人民共和国宪法》。中国共产党根据国家政治、经济、文化和社会的发展，四次向全国人大提出了修宪建议。1988年、1993年、1999年和2004年，全国人大分别对我国宪法个别条款和部分内容做出必要也是十分重要的修正，使我国宪法在保持稳定性和权威性的基础上，紧跟时代步伐，不断与时俱进。

30多年的发展历程证明，我国宪法是符合国情、充分体现人民共同意志、推动国家发展进步的好宪法，是我们始终沿着中国特色社会主义道路前进的根本法制保证。

（五）坚持中国特色社会主义理论体系

中国共产党以马克思列宁主义、毛泽东思想、中国特色社会主义理论体系为指导思想。

中国特色社会主义理论体系，是包括邓小平理论、“三个代表”重要思想、科学发展观在内的科学理论体系，是对马克思列宁主义、毛泽东思想的坚持和发展。

邓小平理论围绕什么是社会主义、怎样建设社会主义这个主题，深刻揭示了社会主义的本质，第一次比较系统地初步回答了中国社会主义发展的一系列基本问题。

“三个代表”重要思想进一步回答了什么是社会主义、怎样建设社会主义的问题，创造性地回答了在长期执政条件下，建设什么样的党、怎样建设党的问题。

科学发展观是中国特色社会主义理论体系的最新成果。科学发展观的第一要义是推动经济社会发展，核心立场是以人为本，基本要求是全面协调可持续，根本方法是统筹兼顾。它科学地回答了实现什么样的发展、怎样发展等重大问题。

（六）党的群众路线教育实践活动

全心全意为人民服务是党的根本宗旨，群众路线是党的生命线和根本工作路线。深入开展党的群众路线教育实践活动，对于教育引导党员干部牢固树立宗旨意识和马克思主义群众观念，切实改进工作作风，赢得人民群众信任和拥护，夯实党的执政基础，巩固党的执政地位，具有十分重大而深远的意义。

2013年4月19日，中共中央决定从2013年下半年开始，用一年左右的时间，在全党自上而下分批开展党的群众路线教育实践活动。活动紧紧围绕保持和发展党的先进性和纯洁性，以“为民、务实、清廉”为主题，按照“照镜子、正衣冠、洗洗澡、治治病”的总要求，以县处级以上领导机关、领导班子和领导干部为重点，以贯彻落实中央八项规定为切入点，把作风建设放在突出位置，坚决反对形式主义、官僚主义、享乐主义和奢靡之风，着力解决人民群众反映强烈的突出问题，提高做好新形势下群众工作的能力，保持党同人民群众的血肉联系，发挥党密切联系群众的优势，为推动经济持续健康发展、全面建成小康社会、实

现中华民族伟大复兴的中国梦提供坚强保证。

三、政党制度

政党制度（政党政治）是指法律规定或政治生活中形成的政党领导、参与国家政权或干预政治的制度。

做一做

政党制度分为哪几类？美国、英国、日本、俄罗斯、加拿大、意大利、法国、德国的政党制度分别是什么？

人们通常把政党制度归纳为三种，即两党制、多党制、一党制。其中以两党制形成得最早，影响较大；其次是多党制，它流行于大多数资本主义国家。

两党制，是指资本主义国家中的两个主要的资产阶级政党，通过控制议会的多数席位或在总统选举中获胜，用轮流上台的方式交替执掌政权。两党制最初产生于英国，后来推行于美国、加拿大、澳大利亚、新西兰等国家。19世纪50年代，美国的民主党和共和党开始轮流执政，至今已有150多年。

实行两党制的国家往往不是只有两个政党，除了对立的两个大的政党外，其他小的政党在取得国家政权问题上不起决定作用或无足轻重，在竞选中没有获胜的可能，不能上台执政。

多党制是资本主义国家中多党并立，由两个以上的主要政党或几个政党联盟操纵议会选举或总统选举，实行轮流执政的政党制度。在多党制的国家中，由于主要政党势均力敌，谁的力量都不足以单独保持长期优势，因此，执政党或是偶然在选举中获得相对多数的政党，或是联合获得选举多数票的政党联盟。多党制起源于法国，以法国和意大利最为典型。

四、中国共产党领导的多党合作和政治协商制度

探究与共享

镜头一：党的十七大至十八大召开的五年间，中共中央、国务院多次召开协商会、座谈会、通报会，就一些重大问题如政府工作报告、“十二五”规划、十八大报告以及其他事关国计民生的决策，同民主党派协商，听取意见和建议。

镜头二：一位民主党派前中央领导人说，多党合作好比交响乐团，在作曲的时候，大家都可以提出意见，各民主党派都应积极参与，最后公认由中国共产党博采众长来定谱。此外，乐团有大提琴手、小提琴手等几十上百个演奏家，人们各有专长、各有其职，但如果各行其道，乐团就无法奏出和谐、动听的乐曲，关键是要有一个统一的指挥。演奏多党合作这部“交响曲”的指挥就是中国共产党。

问题1：你知道我国有哪些民主党派吗？

问题2：你能从镜头一中感悟到我国实行的是怎样的政党制度吗？

问题3：从镜头二中，你能理解我国的执政党和参政党的关系吗？

问题4：请你归纳我国政党制度的特点和优势。

1. 我国的民主党派

我国有8个民主党派，它们是中国国民党革命委员会（简称民革）、中国民主同盟（简称民盟）、中国民主建国会（简称民建）、中国民主促进会（简称民进）、中国农工民主党（简称农工党）、中国致公党、九三学社、台湾民主自治同盟（简称台盟）。这些民主党派，是各自所联系的一部分社会主义劳动者、社会主义事业建设者和拥护社会主义爱国者的政治联盟。

读一读

现阶段各民主党派成员是以各界知识分子为主的。民革以原国民党及与国民党有历史联系的人士为主要成员；民盟成员主要是从事文化教育工作的中高级知识分子；民建成员主要是经济界人士及有关专家学者；民进

成员是以从事教育、文化、科学、出版等工作的知识分子为主；农工党的成员主要是医药卫生界人士；致公党成员以归侨和侨眷为主，并吸收港澳台属以及与海外有联系的各界代表人物、专家学者；九三学社成员以科技界高级知识分子为主；台盟成员主要是居住在大陆的台湾同胞。

2. 中国共产党领导的多党合作和政治协商制度是我国的政党制度，也是一项基本政治制度

中国共产党领导的多党合作与政治协商制度是我国的基本政治制度，是马克思列宁主义政党学说的基本原理同中国革命和建设的实际相结合的产物。同时，也是中国共产党人吸取了各社会主义国家政治发展的成功经验和反面教训，并在长期的革命和建设中，经过反复比较和选择，逐步确定的适合中国国情的社会主义政党制度。

我国经济制度的基础决定了不能实行西方多党制。西方多党制是建立在资本主义私有制基础之上并为其服务的，是资产阶级内部不同的集团调整它们之间利益矛盾的产物。其本质是维护资本主义私有制。我国经济制度的基础是生产资料社会主义公有制，它决定了广大人民的根本利益的一致性，不存在各阶层、各集团间的根本利益冲突，不需要通过多党轮流执政、权力转移等方式来调整利益关系。我国经济制度的基础决定我们必须坚持共产党领导的多党合作和政治协商的政党制度。

我国的国家性质也决定不能实行西方多党制。政党制度从来都是维护一定阶级的政治统治的。西方多党制是资产阶级维护其统治的政治工具，不管哪个党执政，其政权性质都是资产阶级专政。我国是人民民主专政的社会主义国家，它

只能由共产党来领导和执政，而不能由其他政党轮流执政。

3. 中国特色的社会主义政党制度的内容

中国共产党领导的多党合作和政治协商制度，是中国特色社会主义政党制度，是我国的一项基本政治制度。它与西方资本主义国家的多党制或两党制有本质的区别，也不同于有的前社会主义国家（如苏联）曾经实行的一党制。

第一，中国共产党处于领导地位，各民主党派拥护共产党的领导。

第二，中国共产党是执政党，各民主党派是参政党。各民主党派参加国家政权，参与国家大政方针和国家领导层人事的协商，参与国家事务的管理，参与国家方针、政策、法律、法规的制定和执行。

第三，中国共产党与各民主党派是团结合作的友党关系，而不是互相竞争的在朝党与在野党、执政党与反对党的关系。中国人民政治协商会议本来是共产党领导的爱国统一战线的组织形式，但共产党又通过它实现同各民主党派进行政治协商合作，因而它又成为共产党领导的多党合作和政治协商的基本组织形式。

我国政党制度的显著特点：共产党领导、多党派合作，共产党执政、多党派参政，各民主党派不是在野党和反对党，而是与共产党亲密合作的参政党。

4. 中国共产党领导的多党合作和政治协商制度的实施方式

中国人民政治协商会议是我国最广泛的爱国统一战线组织，是中国共产党领导的多党合作的重要组织形式，是具有中国特色的社会主义政治体制的重要组成部分。

人民政协在我国政治生活中一直发挥着重要作用。现在，人民政协包括中国共产党、各民主党派、无党派人士、人民团体、各少数民族和各界代表，台湾同胞、港澳同胞和归国侨胞的代表，以及特别邀请的人士，是我国各党派、各人民团体、各族各界人士参政议政、团结合作的重要场所，是最广泛的爱国统一战线，是中华民族大团结的象征。

人民政协的性质决定了它与国家机关的职能不同的。人民政协的主要职能是政治协商、民主监督和参政议政。政治协商是对国家和地方的大政方针，以及政治、经济、文化和社会生活中的重要问题，在决策之前和就执行过程中的重要问题进行协商。民主监督是在对国家宪法、法律和法规的实施，重大方针政策的贯彻执行，国家机关及其工作人员在工作中存在的某些问题或不足，通过建议和批评进行监督。参政议政是政治协商和民主监督的拓展和延伸，是组织参加政协的各党派、团体和各族各界人士，以各种形式参与国家政治、经济、文化和社会生活。

5. 中国特色社会主义政党制度的特点

（1）坚持四项基本原则是中国共产党同各民主党派合作的政治基础。

中国共产党是国家政权的组织者和领导者，是社会主义事业的领导核心，因此，必须坚持中国共产党的领导。中国共产党对民主党派的领导是政治领导，是政治原则、政治方向和重大方针的领导。四项基本原则是我国的立国之本，是改革开放和现代化建设的保证。坚持四项基本原则（即坚持社会主义道路、坚持人民民主专政、坚持中国共产党的领导、坚持马列主义毛泽东思想）是中国共产党与各民主党派合作的政治基础。以四项基本原则为基础，是我国多党合作制与西方多党制的本质区别与根本标志。

（2）“长期共存，互相监督，肝胆相照，荣辱与共”是中国共产党同各民主党派合作的基本方针。

长期共存，是指共产党与各民主党派长期共同存在、合作共事。互相监督，是指共产党可以监督民主党派，民主党派也可以监督共产党，但由于共产党居于领导地位，首先要请民主党派来监督自己。肝胆相照，是讲开诚相见。荣辱与共，是讲事业相同。

（3）宪法和法律是中国共产党和各民主党派活动的基本准则。

中国共产党和各民主党派都以宪法为根本活动准则，共同负有维护宪法尊严、保证宪法实施的职责。

6. 中国特色社会主义政党制度的优点

中国共产党领导的多党合作与政治协商制度的优越性主要表现在：

（1）有利于加强和改善共产党的领导。

实行共产党领导的多党合作与政治协商制度，充分发挥民主党派的纽带作用，有利于各民主党派对所联系的那部分人宣传党的路线、方针、政策，加强思想工作；同时便于了解他们的特殊利益和要求，解决他们的困难，从而密切党同这部分人的联系，有利于加强和改善共产党的领导。

（2）有利于建设和发展社会主义民主。

共产党领导的多党合作与政治协商制度的实行，各民主党派以参政党的身份参加对国家大政方针的政治协商和国家事务的民主监督，在各个领域与共产党合作共事，可以更好地实现人民当家做主，推进国家政治生活民主化。

（3）有利于维护社会的长期稳定。

稳定是社会发展的前提。只有在政治稳定、社会稳定、人心稳定的前提下，改革开放才能有条不紊地进行，社会发展才能实现预期的目标。在共产党领导的多党合作制度下，国家大政方针主要是由共产党提出，民主党派也可提政策性建议，在民主协商后取得一致意见，有利于保持政策的稳定和连贯性。

（4）有利于共同推进社会主义现代化建设。

各民主党派成员以及他们联系的那部分社会主义劳动者和爱国者，绝大多数是知识分子，具有较高的文化科技知识和丰富的实践经验，有强烈的爱国心和事业心，他们还与港澳台同胞、海外侨胞和海外知识分子有着广泛的联系，这就为扩大对外开放，进行国际经济、文化、技术交流创造了有利条件。因此，多党合作可以把各方面人才的积极性调动起来，发挥他们的聪明才智，推动社会主义现代化建设。

（5）有利于推进“一国两制”，实现祖国的和平统一。

各民主党派具有广泛的海内外联系的优势，可以通过各种渠道和方式宣传祖国的建设成就，增进大陆和港澳台之间的相互了解。有利于推进“一国两制”，扩大爱国统一战线，为实现祖国的统一大业做出贡献。

话题五　和谐的民族大家庭

当一个国家确立了它的国体与政体之后，需要有效地进行统治和管理，使国家权力的行使落到实处。尤其像我国这样一个统一的多民族国家、一个有着多种宗教信仰的国家，如何处理好民族问题和宗教问题关系到民族的团结和社会的稳定的大问题。因此，学习和掌握我国的民族政策和宗教政策是十分必要的。这些将是本话题所探究的内容。

一、我国的民族政策

（一）我国是统一的多民族国家

1. 民族及其基本特征

人类社会之初，社会生产力极端低下，只能以血缘关系为纽带结成氏族和部落，过着群居的生活。原始社会末期，生产力迅速发展，剩余产品开始增多，部落间的商品交换日益频繁，部落间以掠夺财富和奴隶为目的的战争也频频发生，部落之间逐渐走向联合，形成了部落联盟。部落联盟的出现，加强了各部落之间的联系，促进了相互融合，地域关系逐渐代替了血缘关系。经过漫长的发展，当构成民族的必备条件形成后，民族就产生了。

民族是一个历史范畴，是人类社会发展到一定阶段的产物，是人们在历史上形成的稳定的共同体。

探究与共享

氏族是产生于原始蒙昧时代中期的社会基本经济单位，其组成人数不等，最多的可达数百人。氏族制度先后经历了母权制和父权制两个发展阶段。氏族是一个以血缘关系为纽带的人们的共同体。氏族实行外婚制。它的血缘关系，在母权制时期按母系计算，在父权制阶段则按父系计算。氏族的头领由民主选举产生，氏族中的一切事宜都要由成年人参加的氏族议事会决定。其成员有共同的习俗和宗教仪式，过着集体劳动、平均分配的原始共产主义生活。到了原始社会晚期，随着社会分工、产品交换和私有制的出现和发展，私有制和阶级关系逐渐对立，原始的公社制度开始解体，氏族也随之瓦解，逐渐被以一夫一妻为独立单位并按地域原则结成的农村公社所取代。氏族制度至此结束。

部落由两个或两个以上血缘相近的氏族组成。在其内部，有自己的地域、名称、方言、习俗和宗教仪式，有管理内部公共事务的机构。原始社会末期，由于生产的发展、人口的增多，特别是频繁的军事活动，使得一些近亲或相邻的部落走向联合，根据各自的利益需要，结成临时性或永久性的部落联盟。部落联盟有自己的方言、地域，因而和民族最近似。同时，因为联盟组织间各部落经济、文化联系的加强，为以地域为基础的新的人们共同体——民族的形成创造了条件。

民族和氏族、部落的本质不同，氏族和部落是以血缘为纽带的人们共同体，而民族是以地域为纽带的非血缘的人们共同体。当然，我们讲民族是非血缘共同体，主要是相对于氏族、部落的血缘关系特点而言的。有的民族长期生活在一个闭塞区域，很少与外民族通婚，此种情形似乎属于血缘关系之列。但事实上这主要是地域阻隔和民族压迫制度的产物，并不像氏族、部落那样严格，而且随着民族关系的变化，这种状况也会发生变化。民族不是以血缘为纽带结成的人们共同体，在由部落发展为民族时，早已冲破了氏族部落的小圈子，而容纳了不同部落甚至不同种族的人们。这和氏族、部落的血缘集团有根本的区别。

种族也称人种，是在人类早期形成的生物学意义上的人们集团，它以人们在体质形态上具有某些共同的遗传特征为标志。通常我们主要根据皮肤的颜色、头发的形状和颜色、面容、眼睛及体格等征象来划分人种类别。例如，黑种人（即尼格罗人种）的特征主要表现为：深棕色的皮肤，黑且卷曲的头发，栗色眼睛，宽鼻翼，厚嘴唇。黄种人（即蒙古人种）的特征为：黄色的皮肤，黑且直的头发，扁平的面部，低平的鼻梁，厚度适中的嘴唇等。白种人（即欧罗巴人种）的主要特征是：浅色的皮肤，颜色不一而柔软的头发，褐、灰、蓝或绿色的眼睛，高鼻梁，薄嘴唇，特别发达的体毛和胡须等。目前，关于人种的划分尚有很多分歧。但是，无论何种划分方法，都很难把人类全部容纳进去。由于长期历史的发展和种族间的接近及混杂，世界上原来纯粹的人种早已为过渡性的混合型种族所代替。由此可以看到，种族属于体质人类学和生物学的范畴，其标志是体质形态上具有某些遗传性的生理特征。而马克思主义经典作家则认为，民族是以共同语言、共同地域、共同经济生活及共同心理素质四大特征为标志的历史范畴。

比一比：民族与氏族、部落、种族有什么区别？

共同语言、共同地域、共同经济生活、共同心理素质是民族的基本特征。

第一，共同语言。每一个民族都有自己的共同语言，作为所有成员进行经济、政治、思想文化活动和交往的工具。没有共同语言，就不是一个民族。但操同一种语言文字的并不都是一个民族，也有几个民族共用一种语言的情况，且随着世界交往的增多，语言的趋同化十分迅猛。在我国，回族、满族和汉族共同使用汉语，其余53个民族在用汉语的同时，都有自己的民族语言。

第二，共同地域。共同地域是指全民族生存、生活的自然环境。在共同地域内，人们从事生产，进行交往，形成了共同的生活方式和民族感情。民族和氏族部落的重要区别就在于人们在比较固定的共同地域内生活，人们之间的地域关系代替了血缘关系。没有共同的地域自然条件，部落联盟就不会演进为民族。当然，并非居住在共同地域内的都是一个民族。由于人口的迁徙、流动，一个地域会出现若干不同的民族，但民族的主体部分一般仍然保持在共同地域内。

第三，共同经济生活。共同经济生活是指民族内部的经济联系。人们在共同地域内经过长期的生产、交换活动，形成了自己的经济特点和经济关系。像我国藏族人爱喝酥油茶和奶茶，喜欢吃用青稞粉制成的糌粑和牛羊肉，形成整个民族共同的经济生活特点。这种经济上的联系把人们牢固地联结为一个共同体。

想一想

藏族群众向客人敬献哈达，傣族群众要过泼水节，反映了民族的哪些特征？

第四，共同心理素质。共同心理素质是指一个民族的共同爱好、历史传统、风俗习惯、民族尊严等诸因素作用于人们的心理所形成的一种心理特质。它是一个民族的社会经济发展、生活方式、地理环境、宗教信仰等方面在其精神面貌上的反映，主要表现在共同的民族文化和共同的民族习俗方面。共同心理素质是民族四个特征中最突出的，它可以跨越时间和空间，具有极大的稳定性，是民族区别的最显著特征。

民族的四个基本特征是互相联系、互相依存的。在民族形成的过程中，共同地域和共同经济生活是首要的前提条件，为共同语言和共同心理素质的形成提供了地理空间和物质条件；共同语言和共同心理素质的形成又促进了共同地域和共同经济生活的发展。任何一个特征都不能离开其他特征而孤立存在和发展。

2. 我国的民族概况

我国有56个民族。汉族人口约占全国总人口的92%，其他55个民族约占全国总人口的8%，合称少数民族。汉族和55个少数民族总称中华民族，中华民族是相对于异国民族而言的广义称谓。

中华民族在长期的历史发展中，逐渐形成了以汉族为主体，大杂居、小聚居、交错杂居的分布特点。主要表现在：第一，在汉族集中的地区杂居着许多少数民族；第二，在某一少数民族聚居的地方，也多与汉族和其他民族交错杂居，形成了你中有我、我中有你而不可分割的自然布局，因此民族之间的团结显得尤为重要。

读一读

我国的55个少数民族：蒙古、回、藏、维吾尔、苗、彝、朝鲜、满、瑶、黎、高山、壮、布依、侗、白、哈萨克、哈尼、傣、傈僳、佤、东乡、纳西、拉祜、水、景颇、柯尔克孜、土、塔吉克、乌孜别克、塔塔尔、鄂温克、保安、羌、撒拉、俄罗斯、锡伯、裕固、鄂伦春、土家、畲、达斡尔、仡佬、布朗、仫佬、阿昌、普米、怒、崩龙（后改为德昂）、京、独龙、赫哲、门巴、毛难（后改为毛南）、珞巴、基诺族。

（二）我国处理民族问题的基本政策

中华人民共和国是统一的多民族国家，有56个民族。为促进少数民族政治、经济、文化等各项事业的全面发展，中国政府制定了一系列民族政策。

《中华人民共和国宪法》第四条：中华人民共和国各民族一律平等。国家保障各少数民族的合法的权利和利益，维护和发展各民族的平等、团结、互助、和谐关系。

1. 我国处理民族关系的基本原则

（1）坚持民族平等。

在中国，民族平等是指各民族不论人口多少、经济社会发展程度高低、风俗习惯和宗教信仰异同，都是中华民族大家庭的平等一员，具有同等的政治地位，在国家社会生活的一切方面，依法享有相同的权利，履行相同的义务，反对一切形式的民族压迫和民族歧视。

（2）坚持民族团结。

民族团结是指各民族在社会生活和交往中平等相待、友好相处、互相尊重、互相帮助。民族团结是社会安定、国家昌盛和民族进步繁荣的必要条件。民族团结与国家统一有着内在的紧密联系。为了维护民族团结，必须反对大民族主义和地方民族主义，要与极少数民族分裂分子进行坚决斗争，要依法惩处煽动民族歧视的行为。维护祖国统一和各民族之间的团结，是中华人民共和国各族人民的神圣职责和义务，也是各族人民的共同心愿。

（3）坚持各民族共同繁荣。

坚持各民族共同繁荣，是指各民族在政治、经济、教育、科学、文化等方面都得到发展，民族素质得到提高。新中国成立后，在党和政府的帮助下，少数民族地区在经济、教育、科技、文化、体育、卫生等各方面获得了很大发展，民族素质、生活水平也有了很大的提高和改善。

民族平等、民族团结、各民族共同繁荣三项原则是相互联系、不可分割的。民族平等是实现民族团结的政治基础，没有民族平等就没有民族团结。民族平等和民族团结是实现各民族共同繁荣的前提条件，没有民族平等和民族团结，就不会实现各民族的共同繁荣。各民族的共同繁荣特别是经济的发展，又是民族平等、民族团结的物质保证，没有各民族的共同繁荣，最终会影响民族团结的巩固和民族平等的全面实现。我们要不断加强各民族人民的平等、互助、团结、合作，为全面实现小康社会而奋斗。

2. 民族区域自治

民族区域自治是中国政府解决民族问题采取的一项基本政策，也是中国的一项重要政治制度。民族区域自治制度与人民代表大会制度、中国共产党领导的多党合作和政治协商制度一样，同为我国的基本政治制度之一。

民族区域自治是在国家的统一领导下，各少数民族聚居的地方实行民族区域自治，设立自治机关，行使自治权，使少数民族人民当家做主，自己管理本自治地方的内部事务。

民族区域自治是与中国的国家利益和各民族人民的根本利益相一致的。实行民族区域自治，保障了少数民族在政治上的平等地位和平等权利，极大地满足了各少数民族积极参与国家政治生活的愿望。根据民族区域自治的原则，一个民族可以在本民族聚居的地区内单独建立一个自治地方，也可以根据其分布的情况在全国其他地方建立不同行政单位的多个民族自治地方；实行民族区域自治，既保障了少数民族当家做主的自治权利，又维护了国家的统一；实行民族区域自治，有利于把国家的方针、政策和少数民族地区的具体实际结合起来；有利于把国家的发展和少数民族的发展结合起来，发挥各方面的优势。

民族区域自治制度有两个显著的特色：一是在国家统一领导下的自治，各民族自治地方都是中国不可分离的部分，各民族自治地方的自治机关都是中央政府领导下的一级地方政权，都必须服从中央集中统一的领导。上级国家机关在制定各项政策和计划、进行国家经济文化建设时，必须充分考虑各民族自治地方的具体情况和需要，动员各方面的力量予以帮助和支持。二是民族区域自治不只是单纯的民族自治或地方自治，而是民族因素与区域因素的结合，是政治因素和经济因素的结合。实行民族区域自治，既要有利于国家统一、社会稳定和民族团结，又要有利于实行自治的少数民族的发展和进步，有利于国家的建设。

截至目前，我国有民族自治地方155个，其中自治区5个、自治州30个、自治县（旗）120个。

3. 发展少数民族地区经济文化事业

中华人民共和国成立后，国家尽一切努力，促进各民族的共同发展和共同繁荣。国家根据民族地区的实际情况，制定和采取了一系列特殊的政策和措施，帮助、扶持少数民族地区发展经济，并动员和组织汉族发达地区支援少数民族地区。《中华人民共和国民族区域自治法》中，有13条规定了上级国家机关帮助少数民族自治地方发展的义务。国家在制订国民经济和社会发展计划时，在少数民族地区安排一些重点工程，调整少数民族地区的经济结构，发展多种产业，提高其综合经济实力。

特别是随着近年来中国改革开放的不断深入发展，国家加大了对少数民族地区的投资力度，加快了少数民族地区对外开放的步伐，使少数民族地区的经济发展呈现新的活力。

4. 培养少数民族干部

大力培养少数民族干部，是实行民族区域自治、解决民族问题的关键。

中国共产党和中国政府历来十分重视少数民族干部的培养，把少数民族干部队伍的状况看作是衡量一个民族发展水平的重要标志。根据不同历史时期的实际情况，党和政府采取了一系列行之有效的措施，主要有：

一是根据民族工作及其社会发展的需要，通过各级各类院校培训，全面提高少数民族干部素质。

二是注重实践锻炼，各地、各部门有计划地开展干部交流、岗位轮换，选派少数民族干部到中央、国家机关和经济相对发达地区挂职锻炼，培养了大批少数民族干部，促进了少数民族地区经济社会的快速发展。

三是在坚持德才兼备原则的前提下，同等条件优先选拔和使用少数民族干部，使少数民族干部在各级党委、政府、人大和政协等领导班子中占有适当比例。

5. 发展少数民族科教文卫等事业

在发展少数民族教育事业方面，国家坚持根据少数民族的特点和少数民族地区的实际，积极支持和帮助少数民族发展教育事业。如：赋予和尊重少数民族自治地方自主发展民族教育的权利，重视民族语文教学和双语教学，加强少数民族师资队伍建设，在经费上给予特殊照顾，积极开展内地省市对少数民族地区教育的对口支援等。

在发展少数民族科技事业方面，国家采取了许多特殊措施，如：重点培养、培训少数民族科技人员，在普通高等院校有计划地招收少数民族学生或举办民族班，帮助少数民族地区引进人才和先进技术设备，改造传统产业和传统产品，提高科技水平和社会经济效益等。

对少数民族地区的卫生事业，国家在不断地加强少数民族地区卫生队伍的建设，切实做好防病治病和妇幼卫生工作，大力扶持发展民族医药事业等。

在繁荣少数民族文化政策方面，国家扶持和帮助少数民族发展文化事业，组建民族文化艺术团体，培养少数民族文艺人才，繁荣民族文艺创作。

6. 使用和发展少数民族语言文字

各少数民族都有使用和发展自己语言文字的自由和权利。《中华人民共和国宪法》规定：“各民族都有使用和发展自己语言文字的自由。”“民族自治地方的自治机关在执行职务的时候，依照本民族自治地方自治条例的规定，使用当地通用的一种或者几种语言文字……”《中华人民共和国民族区域自治法》第十条规定：“民族自治地方的自治机关保障本地方各民族都有使用和发展自己的语言文字的自由。”第二十一条规定：“民族自治地方的自治机关在执行职务的时候，依照本民族自治地方自治条例的规定，使用当地通用的一种或者几种语言文字；同时使用几

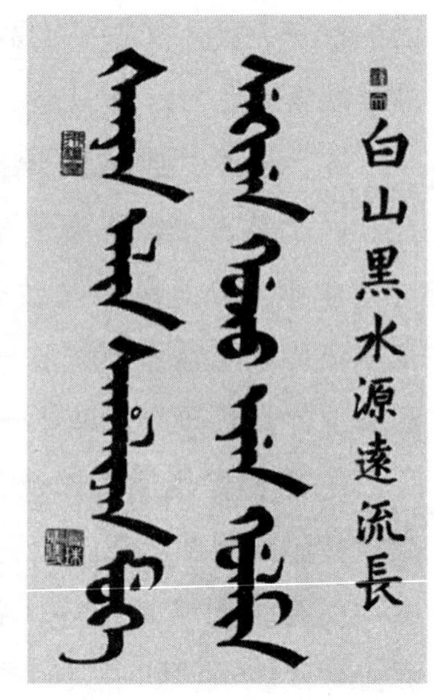

种通用的语言文字执行职务的，可以实行区域自治的民族的语言文字为主。”第三十七条规定：“招收少数民族学生为主的学校（班级）和其他教育机构，有条件的应当采用少数民族文字的课本，并用少数民族语言讲课。”“各级人民政府要在财政方面扶持少数民族文字的教材和出版物的编译和出版工作。”第四十七条规定：“保障各民族公民都有使用本民族语言文字进行诉讼的权利。”

7. 尊重少数民族风俗习惯

我国各少数民族都有自己的风俗习惯，表现在服饰、饮食、居住、婚姻、礼仪、丧葬等多方面。国家尊重少数民族的风俗习惯，少数民族享有保持或改革本民族风俗习惯的权利。在社会生活的各方面，政府对少数民族保持或改革本民族风俗习惯的权利加以保护。

第一，尊重少数民族的饮食习惯。

第二，尊重和照顾少数民族年、节习惯。

第三，尊重少数民族婚姻习惯。

第四，尊重少数民族丧葬习俗。

第五，在大众传播媒介中，防止侵犯少数民族风俗习惯的事情发生。

第六，尊重少数民族改革自己风俗习惯的自由。

8. 尊重和保护少数民族宗教信仰自由

我国是一个有着多种宗教的国家，少数民族群众大多有宗教信仰。有的少数民族群众信仰某种宗教，如藏族群众信仰藏传佛教；有一些少数民族群众信仰同一种宗教，如我国有10个少数民族群众信仰伊斯兰教。我国宪法规定：“中华人民共和国公民有宗教信仰自由。”目前，中国有清真寺3万座，在西藏，有藏传佛教各类宗教活动场所1 700多处。

中华人民共利国成立以来的实践证明，中国的少数民族政策是成功的，走出了一条符合自己国情的解决少数民族问题和实现各民族共同发展、共同繁荣的正确道路。中国政府相信，随着国家改革开放和现代化建设事业的发展，中国各少数民族必将得到更快、更好的发展，中国各民族平等、团结、互助的关系必将得到进一步巩固和发展。

二、我国的宗教政策

探究与思考

我叫小李，今年上高一，家住丹城。我家旁边有一座佛教寺院，叫西寺，我们全家信佛教，我妈尤其虔诚，她每天早晨五点去西寺烧香祈祷，请求佛祖保佑。早晨七点在家念早经。到了下午三点半，又去西寺听经、诵经。这些都是她每天要做的。她信佛，遇事总求佛祖保佑，听说买黄金赚钱，她就去西寺请大师算一下。我发烧，妈妈说不必上医院，只要找师父画画符就好了。我姐姐马上要参加高考了，我妈为她开光祈福，菩萨说她今年一定能考上重点大学的。对这些我从小在家庭环境的影响下早已习惯，有空也会跟我妈去寺庙拜拜佛。但是课上学习了我国的宗教政策后，我有些疑惑，想跟大家探讨一下。

困惑一：我可以信教吗？为什么？

困惑二：我妈这些活动都是宗教活动吗？

困惑三：今天在班里我与同学小陈争论，我认为我们享有宗教信仰自由的权利，考虑到我们班信佛的还不多，我想组织一个佛教团体宣传宣传。小陈不信佛，他认为应坚持无神论，应到西寺等寺庙去向信徒们宣传无神论。

困惑四：我国的宗教信仰自由的政策实际上不就是鼓励人们信仰宗教吗？

困惑五：我信佛教能入党吗？

思考：你们怎么看？

（一）宗教的本质和作用

1. 世界三大宗教

当今世界上流行最广、影响最深的宗教主要是基督教、伊斯兰教和佛教，被称为三大宗教。这三大宗教都是在阶级社会产生以后形成的，对世界的政治、经济、历史、文化和风俗习惯等都产生了深远的影响，已流传到世界各国，拥有众多的信徒，成为世界性的宗教。

佛教于公元前6—前5世纪首创于古印度，其创始人为悉达多·乔达摩，后称“释迦牟尼”，起初佛教流行于恒河流域，后渐渗入印度北部和西北部，在后来的发展过程中衍分为小乘佛教和大乘佛教两个支系。现今世界佛教各派信徒约有3亿人，分布范围大致集中于亚洲，以东亚、东南亚和南亚次大陆为主。

基督教在大约公元1世纪中期产生于罗马帝国统治下的巴勒斯坦一带，脱胎于犹太教的一个支派。基督教信仰上帝，崇奉耶稣为“救世主”（希腊语称“基督”），由此得名。基督教的经典为《圣经》，主要分三大派系：天主教、东正教、新教。从公元初年基督教创始起，经过两千余年的传播，当前各种基督教徒几乎遍及全球，分布于150多个国家和地区，尤以欧洲、美洲最为集中。世界基督教徒约有19亿人。

伊斯兰教产生于公元7世纪时的阿拉伯半岛，由穆罕默德所创。伊斯兰教信仰唯一的真神“安拉”，奉穆罕默德为“安拉的使者”，伊斯兰教徒称“穆斯林”（意为“皈服者”）。以麦加为宗教圣地和朝拜中心，以《古兰经》为宗教经典。全球伊斯兰教徒共有11亿人。

读一读

除了三大世界宗教以外，在世界各地还存在一些颇具影响的民族宗教和地区宗教，像中国的道教、日本的神道教、至今仍信众如云的南亚印度教、流行于犹太人中的犹太教，等等。

2. 宗教的本质和作用

宗教是一种特殊的社会意识形态，是一种唯心主义的世界观，是人们对现实生活的一种虚幻寄托的反映。宗教在其发展过程中，逐渐形成了宗教信仰、宗教感情及与之相适应的宗教组织、宗教设施、宗教教义、宗教教规、宗教仪式和专门神职人员，有众多的教徒。因此，在现实生活中，宗教信众是一种不可忽视的社会力量。

宗教并不是从来就有的，是人类社会发展到一定阶段、人类思维发展到一定水平而产生的。宗教产生于原始社会末期。

读一读

人类社会最初是没有宗教的，随着人类生活和意识的发展，人类的大脑和抽象思维也得到了发展，为宗教的产生提供了生理基础。而宗教得以产生的主要原因是原始社会的物质生活条件。原始人对大自然的种种变化无法解释，对自然界既恐惧又依赖。他们认为有一种超自然的力量，即神在主宰世界上的万事万物。山有山神，水有水神，日月星辰皆有神在支配。原始人根据他们的生活样式和需要来虚构神的世界和生活样式，规定了一套对神灵崇拜的仪式，来表现人与神灵之间的联系，讨好神灵，乞求他们多赐福、少降灾。宗教就这样产生了。

宗教一经产生，就对社会生活各个方面产生了深远复杂的影响。在不同的历史时期，宗教有着不同的作用。在阶级社会中，宗教主要起着消极的作用。

第一，宗教是剥削阶级用来维护其统治的重要工具。一方面，他们宣扬“君权神授”，把自己说成是神的化身或代表，是依照天意统治人民，从而为其统治披上了“神圣”的外衣；另一方面，他们又利用宗教对劳苦大众进行奴化说教，宣扬人间的一切都是神的安排，“生死有命，富贵在天”，是不可改变的，人们只能逆来顺受，不能反抗与斗争。宗教对劳动人民起了精神鸦片的作用。

读一读

古埃及的法老自称为王国的保护神——太阳神之子，统治权来自太阳神。巴比伦乌鲁克国王吉尔迦美什宣称是女神宁桑所生。日本神道教自称日本民族是“天皇民族”，天皇是天照大神的后裔并且是他在人间的代表，皇统即神统。中世纪的欧洲，以罗马教皇为中心的天主教会和封建统治者相互勾结，以维护其封建统治。中国没有国教，但佛教和道教曾为中国封建社会的主要宗教。

第二，宗教充当了帝国主义对外侵略扩张和渗透的工具。帝国主义、殖民主义在向美洲、非洲、亚洲的侵略扩张中，宗教特别是基督教起着先锋的作用。

读一读

西欧封建统治者利用宗教发动过八次十字军东征，造成横尸遍野、赤地千里。公元15世纪后，欧洲殖民主义者向外扩张时还派出大批传教士到亚、非、美洲各地传教，并宣称“一个传教士抵得上一个营的军队”。在日本帝国主义侵略中国时，曾有一百多名僧侣随军进行鼓动，几乎每个士兵身上都带有日本神社的护身符。

第三，宗教对认识和改造自然有着消极作用。宗教宣扬超自然的神主宰着自然界，人在自然界面前无能为力，只能祈祷神的恩赐。这种向神灵求助的思想，否定了改造世界的实践活动，从而削弱了人们认识自然、改造自然的积极性。

第四，宗教对科学的发展起着阻碍作用。科学和宗教是两种根本对立的思想体系。在历史上，一切与神学不符的思想和科学研究都被宗教视为异端邪说，科学家遭到残酷迫害，宗教妄图用神学阻塞科学前进的道路，这样的事例不胜枚举。

读一读

在中世纪，天主教专门设立了宗教裁判所，对被教会认定为宣传“异端邪说”的人进行残酷迫害。西班牙医生塞尔维特发现了血液循环，认为“灵魂本身就是血液”，被指控亵渎“灵魂不死”的神条，被烧死。亚力山大的女数学家希帕西娅被教徒野蛮地杀死，“罪名”就是研究数学。举世闻名的物理学家伽利略，由于热心宣传哥白尼的学说，宣扬地球不是宇宙的中心，被宗教裁判所囚于狱中，最后含冤而死。

宗教作为一种社会文化现象，在一定的历史条件下和一定的范围内，也起过一定的积极作用。

宗教曾是农民运动的旗帜，在中外历史上，都曾有被压迫的群众利用宗教形式和某些教义、口号，进行反抗统治者的斗争，对社会的发展起了一定的推动作用。

宗教对文化艺术的发展也起过积极的作用。在历史上，由于宗教思想的传播和宗教活动对社会生活各个层面的不断渗透，对于文学、音乐、舞蹈、绘画、雕塑、建筑都产生了广泛、深远的影响，产生了许多以宗教内容为题材的艺术杰作。

读一读

敦煌莫高窟的492个洞窟是随着佛教在中国的传播而陆续开凿的，集建筑、绘画、雕塑为一体，展现出我国古代艺术的灿烂辉煌。德国著名古典作曲家巴赫创作的以天主教仪式为音乐题材的《b小调弥撒曲》仍是当今管风琴音乐中的精品。

宗教的一些教义、教规，宗教道德中的某些积极因素，在一定程度上起着规范人们思想行为的作用。宗教关于不偷盗、不奸淫、不凶杀、不贪财、不抢劫、不妄语等戒律，平等博爱、救苦救难等慈悲精神，是虔诚教徒的行为规范，对抑制邪恶、稳定社会起到积极的作用。

议一议

如何发挥宗教在促进社会和谐方面的积极作用?

（二）我国的宗教状况和宗教政策

1. 我国的宗教状况

我国是个多宗教并存的国家，宗教徒信奉的主要有佛教、道教、伊斯兰教、天主教和基督教（新教），合称为我国的五大宗教。另外，在我国一些少数民族中还流传着其他宗教。据不完全统计，我国现有各种宗教信徒1亿多人，宗教活动场所8.5万余处，宗教教职人员约30万人，宗教团体3 000多个，培养宗教教职人员的宗教院校74所。

佛教在中国已有2 000多年的历史。截至2012年，三大语系佛教活动场所有33 000余处，僧尼约24万人，其中汉传佛教寺院28 000余座，僧尼10万余人；藏传佛教寺院3 000余座，僧尼13万余人；南传上座部佛教寺院1 600余座，僧人近万人（其中比丘2 000多人）。现有各种不同层次的佛学院38所，佛教期刊

100余种，较有影响的佛教网站近200家。各地佛教界均设有公益慈善组织和佛教文化机构。据不完全统计，目前我国的佛教徒人数有1亿多人。

道教发源于中国，已有1 700多年历史。它的渊源可追溯到原始宗教中的巫术和求长生的神仙方术。创始人是东汉张陵。道教奉老子为教祖，宣扬最根本的信仰是“道”。《道德经》是其主要经典。中国现有道教宫观1 500余座，乾道、坤道25 000余人。

伊斯兰教于公元7世纪传入我国，为我国回、维吾尔等10个少数民族的群众信仰。这些少数民族总人口约1 800万。现有清真寺3万余座，伊玛目、阿訇4万余人。

天主教自公元7世纪起几度传入我国，1840年鸦片战争后大规模传入。我国现有天主教徒约400万人，教职人员约4 000人，教堂、会所4 600余座。

基督教（新教）于公元19世纪初传入我国，并在鸦片战争后大规模传入。我国现有基督徒约1 000万人，教牧传道人员18 000余人，教堂12 000余座，简易活动场所（聚会点）25 000余处。

新中国成立后，经过深刻的社会改造和宗教制度的改革，我国宗教状况已经发生了根本的变化。随着剥削阶级的消灭，宗教存在和发展的阶级根源已经基本消失。

在我国，宗教已成为教徒独立自主自办的事业。广大信教群众和不信教群众一样，都是国家和社会的主人，在政治、经济和社会生活的各个方面享有平等的权利。广泛分布的各级宗教组织已成为联系各自信众的爱国组织，成为党和政府团结宗教界人士和联系信教群众的桥梁。广大信教群众拥护社会主义制度，是建设中国特色社会主义积极力量的组成部分，他们把爱教同爱国、爱社会主义制度结合起来，在社会主义建设事业中贡献着自己的力量。

想一想

我国宗教状况的变化是否意味着宗教本质发生了变化？

2. 我国的宗教政策

尊重和保护宗教信仰自由是我国一项长期的基本政策。

《中华人民共和国宪法》第三十六条第一款规定：“中华人民共和国公民有

宗教信仰自由。”这一自由在我国法律上的含义是指：每个公民都有按照自己的意愿信仰宗教的自由，也有不信仰宗教的自由；有信仰这种宗教的自由，也有信仰那种宗教的自由；有在同一宗教里信仰这个教派的自由，也有信仰那个教派的自由；有过去信教而现在不信教的自由，也有过去不信教而现在信教的自由；有按宗教信仰参加宗教仪式的自由，也有不参加宗教仪式的自由。

宗教是一种对社会生活和社会现象做出超自然解释的社会意识形态，就其本质而言，是与马克思主义的世界观相对立的。我国宪法之所以保护公民的这种信仰自由，是因为：第一，宗教是一种社会历史现象，有其发生、发展的社会根源，在它存在的条件未消失之前，作为一种一定历史阶段的社会文化现象、一种群众性的无害信仰，就应当加以保护。第二，宗教信仰属于思想范畴的问题，法律必须尊重人们的信仰，只能采取宣传教育、提高人们科学精神的方式予以解决，绝不能强迫命令，粗暴干涉或压制。第三，宗教的存在具有长期性、国际性、民族性和群众性的特点，正确处理好宗教问题，对于民族团结、国家统一和国际的交往，都有重要意义。

因此，我国宪法第三十六条第二款规定：“任何国家机关、社会团体和个人不得强制公民信仰宗教或者不信仰宗教，不得歧视信仰宗教的公民和不信仰宗教的公民。”也就是说，就信仰而言，我国公民的宗教信仰问题是公民个人的私事，国家或各级政府组织不得以任何理由予以干涉和强制。

尽管作为精神自由，宗教信仰是不能干涉的，但公民作为特定国家中的一分子，必须遵守国家法律，尊重他人的权利和利益，服从社会整体要求。我国宪法第三十六条第三款规定，“国家保护正常的宗教活动”，但“任何人不得利用宗教进行破坏社会秩序、损害公民身体健康、妨碍国家教育制度的活动”。许多国家宪法都规定了宗教与国家、政治、公共教育相分离的原则。如在美国，宗教必须与国家和公立教育分离，叫作“隔火墙”原则。

我国宪法第三十六条第四款规定了另一原则，“宗教团体和宗教事务不受外国势力的支配”，即宗教团体自主、自办、自传的“三自”原则。宗教团体可以与其他国家的宗教界保持宗教的学术文化交流联系，但不允许外国宗教势力干涉我国内部的宗教事务，我国宗教团体也不去干涉我国以外的宗教问题，以防止国际上的宗教势力干涉、控制、支配我国的宗教团体和宗教事务。

探究与分享

2014年5月28日21时许，邪教组织成员为宣扬邪教、发展成员，在山东省招远市罗峰路麦当劳快餐厅内向周围就餐人员索要电话号码，遭被害人吴××（女，35岁，山东省招远市人）拒绝后，邪教组织成员认定吴××是“恶魔”“邪灵”，应将其消灭，遂实施殴打致被害人死亡。

5名罪犯分别是张帆（女，1984年10月24日生，河北省无极县人）、张立冬（男，1959年10月8日生，河北省无极县人）、吕迎春（女，1975年3月8日生，山东省招远市人）、张航（女，1996年3月1日生，河北省无极县人）、张巧联（女，1990年8月23日生，河北省无极县人），均为“全能神”邪教组织成员。10月11日，山东烟台中院一审判处张帆、张立冬死刑，判处吕迎春无期徒刑，分别判处张航、张巧联有期徒刑10年、7年。

思考：什么是邪教组织？邪教组织与宗教的区别在哪里？

3. 崇尚科学，远离邪教，构建和谐

（1）什么是邪教组织。

按照《中华人民共和国刑法》第三百条规定，所谓邪教组织，就是指冒用宗教、气功或者其他名义建立，神化首要分子，利用制造、散布迷信邪说等手段蛊惑、蒙骗他人，发展、控制成员，危害社会的非法组织。

邪教的本质是反科学、反人类、反社会、反政府的。几乎所有的邪教组织，都盗用过传统宗教的教规、教义和信仰术语，并将其夸张和歪曲，为它的反社会目的服务。而我国的佛教、道教、伊斯兰教、天主教、基督教（新教），都提倡对社会采取包容接纳和参与的积极态度，大力提倡优良的社会伦理，把爱国守法、热心公益、维护社会稳定、共同建设文明进步的社会作为信教群众的自主意识。因此，邪教根本不是宗教，它是一种邪恶势力，是危害社会的毒瘤。

（2）邪教组织与宗教的区别。

①宗教与社会基本相适应，邪教则与社会根本对立。

宗教倡导信徒融入社会，推崇道德，遵守法律，维护社会和谐，拥护政府

及现行社会制度。当国家遭遇自然灾害或发生战乱时，宗教则举行祈祷仪式，为国家祈福，为天下苍生祈求平安。如佛教的“庄严国土，利乐有情”，天主教、基督教（新教）的“荣神益人”，道教的“齐同慈爱，济世度人”，伊斯兰教的“两世吉庆”等，这些说法虽然不尽相同，但都是引导信徒与社会相适应。邪教则反社会，反人类，反政府，反科学，蔑视法律，蛊惑煽动成员仇视社会、危害社会，甚至带有政治野心，鼓吹、煽动推翻政府和现行的社会体制。当国家发生重大变故时，邪教则乘机作乱，为害社会。如“全能神”邪教将一般民众视为“恶魔”“邪灵恶神”，要求信徒共同将其消灭。

②宗教的崇拜对象属于历史传承，邪教的神化对象为教主自我标榜。

宗教信仰和崇拜的对象是各个宗教特定的神（仙、佛），是悠久历史的传承，是固定不变的。宗教信仰反对人自比神明和自吹具有“神力”。如天主教和基督教（新教）敬奉圣母和耶稣，伊斯兰教信奉真主安拉，佛教奉释迦牟尼为佛祖，道教奉老子为教祖。邪教崇拜的则是教主本人，邪教头子总是冒用神的名义，自称是神的“替身”“代表”或“仆人”是神的“肉身再现”，只有他可以与神沟通，他才是至高无上的“神”“主”“活基督”，是世界的创造者、主宰者和救世主，并吹嘘自己有种种超常、特异的能力，神化自己，使成员产生神秘、敬畏感，对他顶礼膜拜和盲从，从而达到控制成员精神的目的。如“全能神”宣扬《圣经》中提到的耶和华的“法律时代”和耶稣的“恩典时代”已经过去，“全能神”统治的“国度时代”已经来临，只有信“全能神”才能消灾保平安。

③宗教依法公开活动，邪教则秘密结社，非法传教。

我国宗教有合法登记的宗教团体组织和宗教活动场所，信教公民的集体宗教活动在政府登记和开放的宗教活动场所（如寺院、宫观、清真寺、教堂）内举行，由经宗教团体认定、政府宗教事务管理部门备案的宗教教职人员主持，严格按照教义教规进行。邪教采取地下秘密活动方式，传教、串联、聚会活动多在比较隐蔽的地点进行，活动诡秘，如同一个秘密王国，与黑社会组织十分相似。人们一旦加入邪教组织，就会受到精神和人身自由的控制，很难摆脱出来。近几年来，被破获的邪教组织的“教主”和骨干全部使用假名、化名，用内部规定的暗语进行联系，平时在设有暗道的房间或地下室内活动。

④宗教有博大精深的经典教义，邪教的所谓教义则是危言耸听的歪理邪说。宗教有自己的沿袭历史传承的经典教义，如佛教的《大藏经》，道教的《道德经》，伊斯兰教的《古兰经》，天主教、基督教（新教）的《圣经》等。邪教所谓的教义都是盗用宗教用语编造危言耸听的歪理邪说，如“法轮功”的《转法轮》等。

⑤宗教不允许神职人员个人敛财和行骗，邪教则用各种手段骗财、骗色，甚至胁迫信徒屈从。宗教通过光明正大的劝募获得经费，如佛教的化缘、布施等；邪教则编造邪说恐吓信徒、骗取钱财。如“全能神”邪教鼓吹“世界末日论”，只有将钱财奉献出来，才能消灾保平安；“门徒会”邪教宣扬“一切靠神的恩赐”，信徒要将钱财奉献出来，可以吃“赐福粮”“生命粮”，等等。

想一想

思考：青年学生如何防范抵制邪教组织？

三、正确地认识和处理民族问题、宗教问题

民族和宗教是两个不同的概念，民族是在历史上形成的具有共同语言、共同地域、共同经济生活和共同心理素质的人们共同体。宗教是一种社会意识形态，是社会现实生活在人们头脑中的歪曲的虚幻的反映。民族与宗教是不同的事物，不能把民族与宗教等同起来。民族与宗教又有一定的联系，自民族、宗教产生以来，没有哪一个民族不与宗教相联系，只是联系的程度不同而已。作为一种社会意识形态，宗教对许多民族的历史、文化、风俗习惯等都产生过程度不同的影响，有些原来属于宗教的内容和形式，经过长期的发展，变成了某些民族的风俗习惯。

一种宗教可以被许多民族的人们所信仰，如伊斯兰教在我国就有10个民族信仰，在国外信仰的民族就更多了，不能因此说这些信仰伊斯兰教的人都是同一个民族。在同一个民族中，有的信仰宗教，有的不信仰任何宗教，在信仰宗教的那部分人中，有的信仰这种宗教，有的信仰那种宗教。如在汉族中，有的人信仰基督教（新教）、天主教，有的人信仰佛教或道教，更多的人则不信教，不能因

此把他们说成几个民族。宗教信仰是可以改变的，而宗教信仰的改变并不改变民族成分。

我国是一个多民族国家，也是一个有多种宗教的国家。在民族与宗教的关系问题上，各民族与各种宗教有着不同的联系，情况不一，一定要具体地分析各民族与各种宗教问题的联系和区别，根据党和政府的民族政策、宗教政策，正确地认识和处理民族问题、宗教问题。

第二篇　公民看经济

话题一　认识商品和货币

无论是谁在生活中都离不开消费。我们都是生活中的消费者，需要购买各种商品满足自己的需求。在现代社会，我们的生活必需品绝大多数要用货币从市场上购买。我们对经济生活的了解，就从商品开始。什么是商品？我们又该如何来选择质优价廉的商品？在经济生活中，货币和各种信用工具起到什么样的作用？这些都是我们所要探究的内容。通过学习，我们可以了解商品及其基本属性，货币的本质和职能，还要形成对待金钱的正确态度。

一、认识商品

在日常生活中，居民吃、穿、用所需要的各种物品，都得花钱去买；教室里，书、笔、纸，无一不是买来的；生活中我们看电影、理发、旅游等也是用货币购买的服务。这些需要购买的物品和服务都是商品。因此，让我们一起来认识商品吧。

（一）商品的基本属性

1. 商品的产生及含义

探究与共享

吉林长白山是中国森林系统健康程度最高的两个地区之一。长白山抚松县境内有一个莫涯泉群，由5个泉眼组成，位于长白山北麓，处于露水

河国家森林公园之内，距离天池主峰约60千米。水源补给主要来自上游的长白山生态保护区。周边密布长白山针阔混交林，主要树种为珍贵树种红松。

2015年2月1日，某瓶装水公司选择在冰天雪地的长白山抚松工厂举行新品发布会，一共推出3款瓶装水产品：玻璃瓶高端矿泉水、天然饮用水（适合婴幼儿）和学生天然矿泉水。本次对外公布的3款新产品，水源全部来自吉林长白山抚松县境内的莫涯泉。

思考：瓶装水和莫涯泉的泉水哪个是商品？为什么？

在原始社会的自然经济阶段，生产力水平十分低下，再加上自然资源分布不均，人类所获得的物质资料无论是数量还是品种，都非常有限，物质资料生产出来以后直接进入消费领域，只能勉强自给自足。由于物质生活资料品种和数量不能很好地满足人类生存和发展的需要，人们也根本没有条件从事其他社会活动。

随着生产力和社会分工的发展，人们的生产出现了剩余产品。于是互通有无、互利互惠成为可能，这样的交换不仅满足了人们各自的需要，而且还可以获得更多的剩余产品（利润），这就进一步促进了专门为交换而进行的生产，因此出现了商品生产和商品交换。商品生产和商品交换不仅能够满足人们各自的需要，而且促进了专业化生产，提高了社会生产力。如果没有商品生产和商品交换，人类社会也只能停留在自然经济阶段不会有进步。

我们从市场上购买的物品，是人们耗费一定的劳动生产出来的。人们生产这些物品如果是为了自己享用就不是商品，如果是为了拿到市场上去交换，以交换为目的的生产是商品生产，生产的产品用于交换，就是商品交换。因此用于交换的劳动产品，就是商品。

商品必须是劳动产品，如果不是劳动产品（如阳光、空气等），就不能成为商品。劳动产品如不用于交换，也不能成为商品。因为，商品不是供生产者自己消费的，而是供别人、供社会消费的，并且是通过交换才到达别人手中的。

2. 商品的基本属性

探究与共享

商品条形码是指由一组规则排列的条、空及其对应的字符组成的标识，用以表示一定的商品信息的符号。其中条为深色、空为纳色，用于条形码识读设备的扫描识读。其对应字符由一组阿拉伯数字组成，供人们直接识读或通过键盘向计算机输入数据使用。这一组条空和相应的字符所表示的信息是相同的。商品条形码的诞生极大地方便了商品流通，现代社会已离不开商品条形码。条形码可以标出商品的生产国、制造厂家、商品名称、生产日期等信息，因而在商品流通、图书管理、邮电管理、银行系统等许多领域都得到了广泛的应用。

探究一：商品条形码13个数字符有哪些含义？

探究二：我们购买商品时会考虑哪些因素？

商品是通过交换供别人、供社会消费的劳动产品。因此，一种劳动产品要成为商品，首先必须能满足人们的某种需要。商品能够满足人们某种需要的属性就是商品的使用价值。商品必须具有使用价值，没有使用价值的物品是没有人要的。

探究与共享

某农民生产400斤大米，剩余20斤大米想交换一把椅子，于是农民带着大米找到木匠，木匠将椅子交给农民，农民将大米交给木匠。交换完成后两个人都得到了各自需要的东西。

思考：农民的大米是一定用来交换的吗？木匠的椅子呢？为什么？

商品的使用价值与一般物品的使用价值的区别在于：商品的使用价值必须是经过人们的劳动生产出来的，是劳动产品的使用价值；商品的使用价值不是满足生产者自己的需要，而是满足别人的需要，是社会的使用价值；商品的使用价值必须通过交换让渡给别人，从而是交换价值的物质承担者。

商品除了具有使用价值以外，还必须能够同其他商品相交换。商品能够交换是因为生产商品的劳动者都付出了劳动，但付出的劳动又有不同，即劳动具有两重性：具体劳动和抽象劳动。具体劳动是在一定的具体形式下进行的劳动，千差万别的具体劳动创造出千差万别的使用价值。抽象劳动是指撇开劳动的具体形式无差别的一般人类劳动，即人的体力和脑力的生产性支出。它是商品价值的唯一源泉。把劳动理解成人类脑力或体力的消耗，任何劳动产品的生产都耗费了人的体力或脑力，即无差别的人类劳动。商品交换实质上是商品生产者之间的劳动交换。凝结在商品中的无差别人类劳动就是商品的价值。

想一想

生活中，我们常说“物美价廉”“货真价实”“优质优价”，这些词语都能表现出商品具有使用价值和价值两种基本属性，想一想，这些词语怎样体现商品基本属性的？

任何商品都有价值，但商品的价值不能自我表现出来，必须通过交换，由另一种商品表现出来。用一种商品来表现另一种商品的价值，用来表现其他商品价值的商品就是交换价值。要交换，就要进行比较，必然会有交换价值。交换价值是价值的表现形式，价值是交换价值的必要条件。

由此可见，商品是用于交换的劳动产品，具有使用价值和价值两重属性。商品是使用价值和价值的统一体，二者缺一不可。只有使用价值的物品，可能是自然物，也可能是劳动产品，但它没有价值，不能称其为商品。价值自身不能凭空存在，必须以使用价值作为物质承担者，没有使用价值也就谈不上价值。总之，有使用价值的东西不一定有价值，有价值的东西必然有使用价值。

小知识

商品的使用价值和价值之间的关系

商品是使用价值和价值的矛盾统一体，具体体现在以下几个方面：

首先，商品的使用价值和价值是统一的。使用价值和价值的统一是指二者统一于商品体之中，即作为商品二者缺一不可。使用价值是价值的物质承担者，没有使用价值的东西就没有价值，自然也就成不了商品；而价值是使用价值进行量的比较的基础，离开价值的使用价值也不成其为商品的使用价值，因为它不是劳动产品，如空气、阳光、水等。这就是说，商品价值的存在要以使用价值的存在为前提，而使用价值的实现要以价值的实现为条件，二者缺一不可。

其次，商品的使用价值和价值又是矛盾的。商品的使用价值和价值的矛盾是指同一个商品对卖者（生产者）和买者（消费者）来说，不可能同时兼得。生产者生产商品的目的是实现商品的价值，而要实现商品的价值，他就必须让渡商品的使用价值。商品购买者购买商品的目的是获得商品的使用价值，而要获得商品的使用价值，他就必须支付商品的价值。这就是说，对于一个商品生产者或购买者来说，他不可能既占有商品的使用价值，又实现商品的价值，二者只能占其一。

只有商品交换成功，才能使商品生产者实现商品的价值，商品的消费者获得商品的使用价值，从而商品中使用价值和价值的内在矛盾才能得到解决。

做一做

生活中：一个人用20斤苹果与另一个人换了2件上衣；

一个人用自己在上海的一套住房与另一个人交换到一套在北京的住房；

一个人用自己的iPad与另一个人交换到一套邮票；

一个人用自己的法律专业知识为某公司提供有偿法律咨询。

思考：上述四种交换行为有什么不同吗？

人们往往把商品交换看成是商品本身在交换中发生了易手或交换，实际上我们却发现了一个与我们以往所理解的完全不同的奇妙的现象：也就是说，在商品的交换中，商品本身并不一定发生易手或交换，而实际上是商品的所有权发生了易手或交换，即商品交换的双方对各自商品的所有权进行了交换。

商品和所有权原本是两个可以分离的东西，但人们往往将两者视为一体，因此当商品在进行交换时，人们很难看清楚是商品本身的交换，还是商品的所有权在进行交换。我们要指出的是：商品交换的本质是一种权利的交换，体现了一种人与人的社会关系。所以说，商品交换既是商品的实体发生了交换，也是商品的所有权发生了交换。因此，商品的使用价值是商品的自然属性，商品的价值是商品的社会属性。

（二）商品的价值量

想一想

法国拿破仑三世是一个奢靡的人，同时也是一个喜欢炫耀自己的人。他常常大摆宴席，宴请天下宾客。每次宴会，他总是显示皇帝的尊贵，餐桌上的用具几乎全是银制，唯有他自己用的那一个碗却是铝制品。有人可能有疑问了，为什么贵为皇帝，却不用高贵而亮丽的银碗，而用色泽要暗得多的铝碗呢？

1. 商品价值量的含义

商品的价值量是指商品价值的大小。商品的价值是由劳动形成的。商品价值量的大小就是由生产商品所耗费的劳动量决定的。劳动量既不能用尺子量，也不能用秤称，只能用劳动时间来计算。生产一种商品所耗费的劳动量越多，这种商品的价值量就越大。

2. 商品价值量的决定

算一算

甲、乙、丙、丁都独自生产布，甲、乙、丙用织布机，丁用手工织布，生产同样一匹布，甲用10小时，乙用12小时，丙用8小时，丁用20小时。试问：（1）谁生产的布匹的价值量大？为什么？（2）一匹布的价值量是多少？

在现实生活中，生产同一种商品的生产者有许许多多，他们劳动有勤有懒，生产工具有好有差，技术水平有高有低，因而所用的劳动时间，即个别劳动时间是不一样的。商品的价值量由谁的劳动时间决定呢？如果商品的价值量由个别劳动时间决定，同一种商品就会有多种多样的价值量，而且那些生产工具越差、技术含量越低、劳动越懒惰的生产者生产出的商品，价值量反而越大。显然，现实的经济生活中，不可能有这种情况。商品的价值量不是由各个商品生产者所耗费的个别劳动时间决定的，而是由社会必要劳动时间决定的。社会必要劳动时间，是指在现有的社会正常的生产条件下，在社会平均的劳动熟练程度下，制造某种商品所需要的劳动时间。

所谓“现有的社会正常的生产条件”，是指现实社会同一生产部门内绝大多数商品生产者已经达到的生产条件，其中最主要的是使用什么样的劳动工具。比如织布，如果社会上绝大部分布匹是用机器织出来的，而手工织的布只是很小的一部分，用电脑操作织的布更是极少数，那么，使用机器就是现实社会正常的生产条件。社会正常的生产条件不是固定不变的，而是随着科学技术的发展而变化的。“社会平均的劳动熟练程度”是指在某一生产部门里，绝大多数劳动者的劳动技能水平和劳动紧张程度的平均值。

商品的价值量是由生产商品的社会必要劳动时间决定的。社会必要劳动时间决定商品的价值量，是在同类商品生产者之间的竞争中实现的。商品交换是在不同种类的商品间进行的，而生产不同种类商品的劳动，有简单劳动，也有复杂劳动，而这两种劳动是有区别的。

简单劳动是指不必经过专门训练的普通人都能进行的劳动，复杂劳动是指需要经过专门训练才能从事的劳动。复杂劳动和简单劳动的区分不是绝对的，而是相对的。简单劳动和复杂劳动在决定商品价值量上所起的作用是不同的。决定商品价值量的社会必要劳动时间是以简单劳动为尺度来计量的，而复杂劳动作为倍加的简单劳动，在同一劳动时间内可以比简单劳动创造出更大的价值。复杂劳动折合成多倍的简单劳动是在商品生产者背后自发地形成的。

社会必要劳动时间对于每个商品生产者来说，具有十分重要的意义。如果商品生产者的个别劳动时间低于社会必要劳动时间，他生产商品所耗费的劳动时间，不仅能全部得到补偿，还可以获得盈利，在竞争中处于有利地位；如果他的个别劳动时间等于社会必要劳动时间，他生产商品所耗费的劳动只能得到完全的补偿而不能盈利；如果他的个别劳动时间高于社会必要劳动时间，他生产商品所耗费的劳动就有一部分得不到补偿，就会出现亏本，在竞争中处于不利地位，甚至破产。

3. 商品价值量与劳动生产率的关系

探究与共享

摩尔定律是英特尔公司的创始人戈登·摩尔（Gordon Moore）博士提出的。早在1965年，他就提出，在至多10年内，集成电路的集成度会每两年翻一番。后来，大家把这个周期缩短到18个月。现在，每18个月，计算机等IT产品的性能会翻一番；或者说相同性能的计算机等IT产品，每18个月价钱会降一半。虽然这个发展速度令人难以置信，但几十年来IT行业的发展始终遵循着摩尔定律预测的速度。

思考：现实生活中电子产品价格是不断降低吗？

讨论：IT产品性能翻一番和价格降一半说明什么？

商品生产者怎样才能降低自己生产商品所用的个别劳动时间呢？唯一的办法是提高劳动生产率。劳动生产率就是劳动者的生产效率。通常有两种表示方法：一种是单位时间内生产的产品数量；一种是生产单位产品所耗费的劳动时间。劳动生产率越高，在单位时间内生产的产品数量就越多，平均到单位产品上的劳动时间就越少。

如果生产某种商品的生产者普遍提高了劳动生产率，就会导致生产该商品的社会必要劳动时间缩短，从而使单位商品的价值量降低。可见，生产某种商品的社会必要劳动时间不是固定不变的，它随着社会劳动生产率的变化而变化。社会劳动生产率越高，生产单位商品的社会必要劳动时间就越短，该商品的价值量就越小。反之，社会劳动生产率越低，单位商品价值量就越大。所以，单位商品的价值量与生产该商品的社会劳动生产率成反比。

二、认识货币

在日常经济生活中，我们都离不开钱：吃、穿、用所需要的物品，大多要用钱去购买。钱是什么？一张张纸片为什么能用来购买任何一种商品？它为什么会有如此神奇的力量？我们应当如何理性地认识和对待它呢？

（一）货币的产生和本质

读一读

我国最早的货币是“货贝”。这种贝生于南海。夏商时期，特别是商代，经济呈现出繁荣局面，交换的范围不断扩大，贸易活动相当发达。出现了商业和商人，开始使用货币进行买卖。“贝”——便是我国最早的货币之一。

一切商品交换都以货币为中介，货币成为一切商品价值的表现形式，从而成为社会财富的一般代表。其实，在历史上，货币的出现要比商品晚得多。货币是商品交换发展到一定阶段的产物。

1. 货币的产生

原始社会末期，出现了最初的商品交换。当时人们只是用多余的产品来交换，是一种偶然的物物交换。例如，用两只羊去交换一把石斧。这种交换用等式表示，就是：2只羊=1把石斧。在这个等式中，2只羊的价值通过1把石斧表现出来，石斧是表现羊的价值的手段。我们把表现其他商品价值的商品称为等价物。

随着社会生产力和社会分工的发展，物物交换不断扩大，参加商品交换的种类越来越多。这时，一种商品经常和多种商品交换。如反映古代奴隶社会生活的古希腊最伟大的作品《荷马史诗》中提到，人们可以用各种商品甚至可以用奴隶来换酒喝。但是，随着参与交换商品种类的增多，物物交换的缺点也越来越明显。因为物物交换要求双方都需要对方的商品，交换才能成功，否则交换就不能进行。随着交换的进一步扩大，交换双方不一定正巧需要对方的商品，经常使交换难以进行。

读一读

一位美国人到非洲原始丛林旅游，看到水天一色，便想租用部落的独木舟泛游湖上。当他拿出美元去租船时，船的主人拒绝了，提出要用象牙交换。这位美国人于是来到另外一个有象牙的部落用美元购买象牙，不料又遭到拒绝，主人提出要用纱布交换。于是他又来到一个有纱布的部落，用美元购买纱布，不想也遭到拒绝，主人提出要用针来交换。他猛然想起帽子上别了几根针，于是他用针换回了纱布，又用纱布换回了象牙。当他拿着象牙来找船主时，船主已经回家了。这位美国人十分沮丧。

在长期的交换过程中，人们找到了克服“商品—商品”交换困难的办法，这就是先把自己的东西换成市场上大家普遍乐意接受的商品，然后再用这种商品去换回自己所需要的东西。这种大家普遍乐意接受的商品便成为一般等价物，它具有最初的货币属性，可以表现其他一切商品的价值，充当商品交换的媒介。

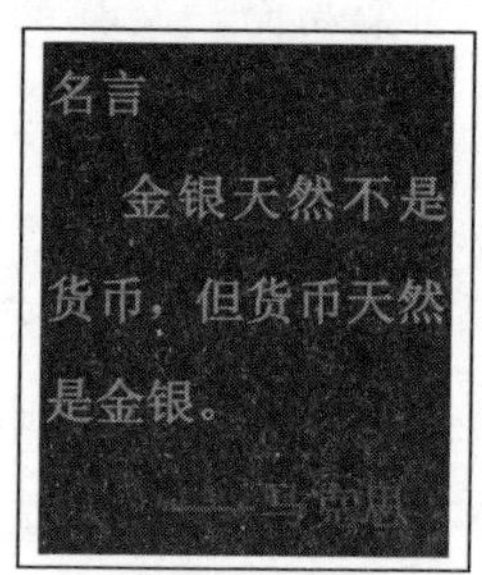

读一读

一般等价物出现以后，商品交换就分成了两步：第一步：用自己的商品换成一般等价物；第二步：用一般等价物换取自己需要的商品。这种商品交换已经不是直接的物物交换，而是以一般等价物为媒介的交换。历史上充当过一般等价物的商品很多，比如牲畜、布匹、贝壳等。

2. 货币的本质

一般等价物的不固定、不统一使商品交换仍有许多不便，客观上需要用一种商品固定地充当统一的一般等价物。人们在长期交换中发现，贵金属金银有体积小、价值大、易于分割、不易磨损、便于保存和携带等特点，最适合充当一般等价物，金银便逐渐地取代了其他商品而成为固定统一的一般等价物。从商品中分离出来的固定地充当一般等价物的商品，就是货币。货币的本质就是一般等价物。

在日常生活中，人们往往把货币称为钱。在不同的场合，钱具有不同的作用。比如，在大型超市里，钱可用来购买任何商品，表现为一手交钱，一手交货。人们有了余钱之后，又往往把钱存起来。如果到国外去，需要购买商品，在那些不能流通本国货币的国家还要事先兑换外币。在这些活动中，货币的作用和功能是各不相同的。这就需要了解有关货币职能的知识。

（二）货币的基本职能

货币的职能是指货币在经济生活中所起的作用，它是货币本质的体现。货币有价值尺度、流通手段、贮藏手段、支付手段、世界货币五种职能。它们是在商品交换发展的不同阶段上逐步完善的。货币从产生时起，就具有价值尺度和流通手段两种基本职能。

1. 价值尺度

货币所具有的表现和衡量其他一切商品价值大小的职能，叫价值尺度。货币之所以能成为价值尺度，是因为货币也是商品，也有价值。货币产生以后，一切商品的价值都由货币来表现，商品价值的大小就表现为它所含有的货币量的多少。

读一读

货币充当价值尺度，它自身必须有一定的计量单位。最初，往往是按习惯采用原来金、银重量单位的名称。例如，我国历史上用白银做货币时，曾以“两”“钱”为计算单位。后来，货币名称与金、银重量单位名称逐渐分离了，各国都规定了货币单位名称。如美国的“美元”，中国的“人民币元”，越南的“越南盾”等。

通过一定数量的货币表现出来的商品价值，叫作价格。价格是价值的货币表现，价值是价格的基础。价格的高低在一般情况下与商品价值的大小成正比。货币执行价值尺度职能，就是把商品的价值表现为一定的价格。

货币执行价值尺度职能时，并不需要现实的货币，只需要观念上的货币。

2. 流通手段

想一想

人们买卖东西时常说“一手交钱，一手交货”，在这里，钱主要起什么作用？

最初的商品交换是直接的物物交换，它的公式是：商品（W）—商品（W）。货币出现以后，商品所有者把自己的商品先换成货币，再用货币换自己需要的商品。货币充当商品交换媒介的职能，叫作流通手段。以货币为媒介的商品交换，叫作商品流通。它的公式是：商品（W）—货币（G）—商品（W）。执行流通手段的货币，必须是实实在在的货币，不能是观念上的货币。

读一读

货币作为社会财富的代表被保存起来，这时货币执行着贮藏手段的职能。作为贮藏手段的货币，应是足值的金属货币。

货币被用来清偿债务或支付赋税、租金、工资等，就是货币支付手段的职能。它是随着商品赊账买卖的产生而出现的。

货币越出国内市场，在世界市场购买外国商品，支付国际收支差额，作为社会财富的代表在国与国之间转移时，它就具有了世界货币的职能。一般说来，只有黄金或白银才能作为世界货币。现在，某种纸币（如美元、欧元等），也具有了世界货币的职能。

（三）纸币

1. 纸币的产生

金属货币最初采用金银条块的形式流通，每次使用都要称重量、验成色，很不方便，于是就出现了具有一定形状、重量、成色和面额价值的铸币。金属铸币在长期流通过程中不断磨损，减轻了重量，变成了不足值的货币，但它仍然可以同足值的货币一样使用。这种情况表明，货币作为流通手段可以由价值符号代替，于是就产生了作为金属货币符号的纸币。纸币是由国家发行的强制使用的价值符号。与金属货币相比，纸币有以下优点：第一，纸币的制作成本低；第二，避免了铸币在流通中的磨损，防止贵金属的无形流失；第三，纸币比金属货币更容易保管、携带和运输。所以，纸币被世界各国普遍使用。

想一想

随着市场经济的发展，这些年来生活中出现了所谓Q币、E币、网币等不同名目的货币，这些“币”是货币吗？为什么？

2. 纸币的发行量

纸币是由国家发行的，但发行的数量不是任意的。纸币的发行量必须以流通中所需要的货币量为限度。商品流通中所需要的货币量取决于三个因素：第一，待销售的商品数量；第二，商品的价格水平；第三，货币流通速度（单位时间内货币流通的次数）。前两个因素的乘积构成商品的价格总额。计算流通中所需要的货币量的公式是：

$$\text{流通中所需要的货币量}=\frac{\text{商品价格总额}}{\text{货币流通次数}}$$

如果纸币的发行量超过这个限度，就会引起物价上涨，影响人民的生活和社会的经济秩序；如果纸币发行量小于这个限度，会使商品销售发生困难，直接阻碍商品流通。

探究与共享

在旧中国，国民党政府推行滥发纸币的政策，引起货币贬值、物价飞涨，人民生活极端贫困，国民经济彻底崩溃，制造了被西方经济教科书称为“野马奔腾式的通货膨胀”。从1937年6月到1948年8月21日法币崩溃为止，法币发行量上升到原来的47万倍。

再看看当时法币的购买力，如有法币100元，1937年能买两头黄牛，1938年能买一头黄牛，1939年能买一头猪，1941年能买一袋面粉，1943年能买一只鸡，1945年能买一条鱼，1947年买不到半盒火柴，1948年只能买三粒大米，1949年只能买1粒米的千分之二，人们买东西都要提整捆的钱。“大街过三道，物价跳三跳。”国民党政府延续十多年的通货膨胀，使城乡人民生活不断恶化，陷入水深火热之中。

想一想：为什么会出现上述现象？这种现象有哪些危害？

通货膨胀，是指经济运行中出现的全面、持续的物价上涨现象。纸币发行量超过流通中实际需要的货币量，是导致通货膨胀的主要原因之一。

通货紧缩，是与通货膨胀相反的一种经济现象。它表现为物价全面持续下跌，通常伴随着经济衰退出现。

读一读

中国最初的货币是原始社会末期使用的

人民币是中华人民共和国的法定货币。从1948年12月1日中国人民银行成立，发行了我国历史上第一套统一的人民币起，我国一共发行了五套人民币。

1999年10月1日，中国人民银行陆续发行第五套人民币，共有1角、5角、1元、5元、10元、20元、50元、100元八种面额，其中1角、5角、1元有纸币、硬币2种。第五套人民币根据市场流通需要，增加了20元面额的，取消了2元面额的，使面额结构更加合理。2005年年底，中国人民银行发行2005年版第五套人民币，主图案与1999年版保持一致，但变光数字、面额水印位置做了调整，背面面额数字加后缀“YUAN”。

人民币是国家形象的代表，爱护人民币是公民义不容辞的职责。我们要做到不在人民币上乱写乱画，不揉搓、毁坏人民币，不使用假币。同时，还要了解一些防伪知识，提高鉴别假币的能力。

对于一些不法之徒企图通过制造假币、牟取不义之财的行为，国家依法将予以严惩。

《中国人民银行法》第四十一条第一款规定：伪造人民币、出售伪造的人民币或者明知是伪造的人民币而运输的，依法追究刑事责任。《中华人民共和国刑法》第一百七十条规定：伪造货币的，处三年以上十年以下有期徒刑，并处五万元以上五十万元以下罚金；有下列情形之一的，处十年以上有期徒刑、无期徒刑或者死刑，并处五万元以上五十万元以下罚金或者没收财产：（一）伪造货币集团的首要分子；（二）伪造货币数额特别巨大的；（三）有其他特别严重情节的。第一百七十一条第三款规定：伪造货币并出售或者运输伪造的货币的，依照本法第一百七十条的规定定罪从重处罚。

所谓伪造货币罪，是指仿照人民币或者外币的面额、图案、色彩、质地、式样、规格等，使用各种方法，非法制造假货币，冒充真货币的行为。

随着信息技术的迅猛发展，特别是银行计算机网络化的实现，出现了用电子计算机进行贮存、购买、支付的“电子货币”，电子货币可以用作在互联网上或通过其他电子通信方式进行支付的手段。这种货币没有物理形态，为持有者的金融信用。随着互联网的高速发展，这种支付办法越来越流行。人们越来越多地借助于银行的电子计算机完成自动转账业务。

探究与共享

1993年国务院常务会议听取了电子工业部关于实施电子货币工程的总体方案汇报，于1994年成立了国家金卡工程协调领导小组，标志着我国实施金卡工程的开始。金卡工程的应用目标是先从银行卡（信用卡、智能卡）起步，建立现代化的实用电子货币系统。具体而言就是建立和完善银行卡授权、结算、发卡、流通、服务体系，最终减少现金流通量，以电子货币（信用卡、智能卡）替代现金流通，与国际金融支付体系接轨。实施“金卡工程”的发卡银行之间可以实现资源共享、通存通兑，可以实现银行电子化、网络化。

截至2002年，电子货币交易总额为84 532亿元。其增长速度大大超过世界平均增长的水平。中国金融电子化系统建设已经具有一定的规模，电子货币（银行卡）工程的实施取得了很好的社会经济效果。

思考一：我们生活中有哪些形式的电子货币？

思考二：在使用电子货币时应注意哪些事项？

随着互联网技术的发展，储值卡、信用卡、电子支票、电子钱包等各种电子货币形式在我们生活中越来越多地出现。电子货币的广泛运用有很多优势，首先，在同样的空间内，电子货币可以存储的面值是无限的；而传统货币面值是有限的。其次，电子货币受时空的限制比较小，能够通过通信系统在短时间内进行远距离传递。再次，电子货币可以采用计算机进行管理，弥补了传统货币管理成本高的缺憾。最后，电子货币的匿名性比传统货币要强，避免了面对面的交易。但是，就目前而言，作为支付工具的电子货币应用仍然存在一些缺陷。比如，安全问题、网络基础设施建设不完善、电子商务的发展还不很成熟、系统可靠性及数字认证技术问题等，这些问题都会制约电子货币的发展。

探究与共享

张同学在某银行存钱，他收到了一封电子邮件：由于本银行的服务器出了问题，导致您网上登录的信息遗失。因此您将无法使用网上银行，并且您的账户变得不再安全。请点击以下链接，根据提示恢复后使用：http：//××银行.com。

讨论：遇到类似问题是否应该：①回复邮件并提供自己的网上银行信息；②联系银行并询问邮件信息；③如网址与银行的网址一样，连接该网址并根据提示操作。

（四）信用工具和外汇

日常生活中，我们去菜市场买菜，一般是直接付现金。然而，当我们需要购买的是大件物品，如买一辆汽车怎么支付呢？

1. 信用工具

人们常用的结算方式：现金结算和转账结算。前者主要是用纸币来完成经济往来的收付行为，后者是双方通过银行转账来完成经济往来的收付行为。信用卡、支票等，是经济往来结算中经常使用的信用工具。

信用卡是具有消费、转账结算、存取现金、信用贷款等部分或全部功能的电子支付卡。其中，银行信用卡是商业银行对资信状况良好的客户发行的一种信用凭证。

信用卡可以集存款、取款、消费、结算、查询为一体，能减少现金的使用，简化收款手续，方便购物消费，增强消费安全，给持卡人带来诸多便利。

想一想

李同学有一张银行卡，他使用银行卡的下列行为哪些是有问题的：

（1）将银行卡密码写在卡的背面。

（2）取款时用手遮蔽号码盘。

（3）信用卡取款时吞卡了，按照取款机旁边的提示操作。

（4）购物时将信用卡交给服务员操作，并告知密码。

为增强适应现代经济生活的能力，我们应该有意识地了解与信用卡相关的知识。

读一读

信用卡一般用特殊的塑料制成，正面印有特别设计的图案、发卡机构的名称及标识，并有用凸起或平面方式印制的卡号、持有者的姓名、有效期限等信息；卡片背面则有用于记录有关信息的磁条、供持卡人签字的签名条及发卡机构的说明等。

当取款时发生吞卡时，可拨打ATM机上的银行客户服务电话，询问吞卡原因。如是ATM机出了故障，持卡人应在吞卡后三个工作日内，持本人有效身份证件及其他可以证明为该卡持有者的材料到ATM机所属网点办理手续领回该卡。

发现信用卡遗失了，要立即到附近发卡行的分支机构办理挂失手续，然后按规定程序换领新卡。

支票是活期存款的支付凭证，是出票人委托银行等金融机构见票时无条件支付相应金额给受款人或者持票人的票据。凡在银行开立支票存款账户的，银行给予空白支票簿，存户可在其存款金额内签发支票。银行按照票面上签注的金额付款给持票人。

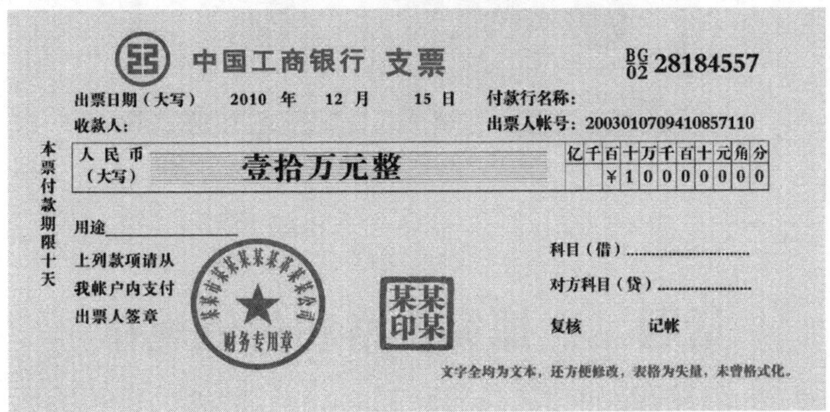
中国工商银行 支票　BG/02 28184557

出票日期（大写）　2010 年　12 月　15 日　付款行名称：

收款人：　出票人帐号：2003010709410857110

本票付款期限十天

人民币（大写）	壹拾万元整	亿	千	百	十	万	千	百	十	元	角	分
				¥	1	0	0	0	0	0	0	0

用途

上列款项请从我帐户内支付

出票人签章

财务专用章　某某印某

科目（借）

对方科目（贷）

复核　记帐

文字全均为文本，还方便修改，表格为矢量，未曾格式化。

在我国，支票主要分为转账支票和现金支票两种。付款单位开出转账支票后，收款单位凭此票到银行把这笔钱转入自己的账户。现金支票由付款单位开出，收款人凭票到银行支取现金。

2. 外汇

同外国人做生意、出国旅游、购物，需要使用外汇。外汇是用外币表示的用于国际结算的支付手段。使用外汇必须了解汇率。汇率又称汇价，是两种货币之间的兑换比率。我国通常采用100单位外币作为标准，折算为一定数量的人民币。如果100单位外币可以兑换更多的人民币，说明外汇汇率升高；反之，则说明外汇汇率跌落。

做一做

王同学一家2015年春节期间想去欧洲旅游，这期间欧元对人民币汇率是1∶6.95。而一年之前，欧元对人民币汇率为1∶8.5。王妈妈想带10万元人民币，她请王同学算算现在比一年前可多兑多少欧元。

思考：你能帮王同学算清楚吗？

外汇在国家经济发展和国际贸易中具有重要作用，我国保持人民币币值基本稳定，即对内保持物价总水平稳定，对外保持人民币汇率稳定，对人民生活安定、国民经济持续快速健康发展，对世界金融的稳定、经济的发展都具有重要意义。

话题二　探究价格和价值规律

生活中，作为消费者，我们每天都需要购买各种商品来满足自己的需求，商品的价格就成为消费者关心的重要事情。我们发现商品的价格经常处于变化之中，时涨时跌，是哪些因素在影响价格变化？是如何影响的？价格的变化有没有规律可循？这个规律对我们的经济生活有什么影响呢，这些都是本话题所要探究的秘密。通过学习，我们可以了解价格变化的原因和影响以及价值规律的内容和作用，获得参与经济生活的必要的知识和技能。

一、多变的价格

（一）价格变动的因素

1. 供求影响价格

探究与共享

材料一：2015年梅雨季节，浙江杭州本地的叶菜价格随着降雨量的增加噌噌上涨，一周涨一倍，7月10日前后九号台风“灿鸿”登陆浙闽沿海，杭州外围地区的菜价也水涨船高。

材料二：2015年入夏以来，北京市西瓜出现了卖不上价的现象，新发地批发市场的西瓜日销量从去年的10万斤跌到3万斤，大兴庞各庄“京欣”西瓜的批发价比去年同期跌了七成左右。

材料三：2015年6月1日起，我国取消了绝大部分药品政府定价。大部分药品价格并没有明显变动，但广药白云山集团副总经理张春波坦言，加味藿香正气丸之前的最高零售价是4.8元，但实际上生产成本就要4.6元，一直以来都是亏本销售，“取消定价后，我们会对该品种价格进行微调”。

材料四：2014年10月以来网络上有消息称：“广西、贵州等地区猪肉已大面积出现钩虫。此虫是寄生虫的一种，高温杀不死。”原本进入冬季应该是销售旺季的猪肉市场，销量不但没有增加，反而还比平时下降了很多。猪肉市场的不景气，直接导致原本10元左右一斤的猪肉价格，跌到了6元。

◆ 你还能举出其他价格变化的例子吗？

◆ 是什么原因造成了价格的变动和差异？

上述因素实际上都是通过改变商品的需求量或供给量来影响商品的价格的。入梅以来杭州的叶菜价格大幅度上涨，体现的是气候因素对价格的影响，而实际上是由于气候的变化，造成叶菜产量大幅减产，从而影响叶菜的供给量，使供求关系发生变化而影响价格。除了气候以外，时间、地域、国家政策，甚至网络传言、宗教信仰、社会习俗等因素也会改变商品供求关系，引起价格的波动。

探究与共享

2015年6月随着端午节来临，各种品牌的礼盒粽子、真空粽子和速冻粽子成为时令主打商品，迎来销售高峰，粽叶普遍涨价，随着节前销售高峰期过去，后续的价格会有所回落。

需求的变化对商品价格的涨跌有什么影响？

2015年7月正是广西火龙果丰收的季节，大批火龙果陆续上市，价格却较去年下降40%。在南宁市邕宁区中和乡火龙果基地，火龙果平均出园价格由上年的每斤3.5元下降至2元。

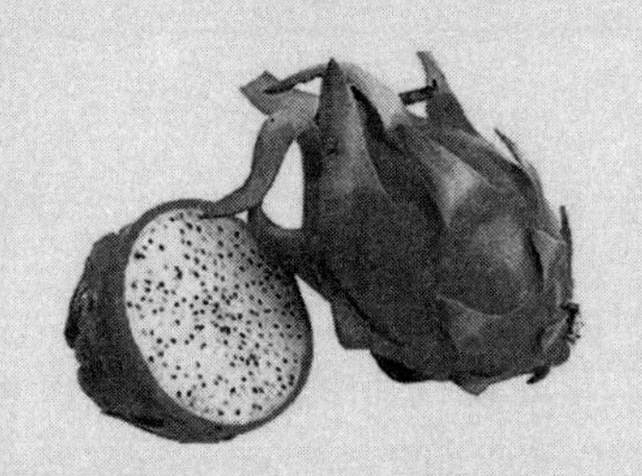

供给的变化对商品价格的涨跌有什么影响？

当商品的需求增加、供不应求，导致商品短缺时，买者争买，卖者提价，价格上涨，有利于卖方市场，于是出现“物以稀为贵”的现象。

当商品的需求减少、供过于求，导致商品过剩时，卖者争卖，买者压价，价格下跌，有利于买方市场，于是出现“货多不值钱”的现象。

2. 价值决定价格

供求关系影响着商品的价格，但是我们有没有发现：出现禽流感疫情的时候，即使再供过于求，鸡肉的价格再降价，也不会降到几毛钱一斤；在“非典”流行时，即使再供不应求，口罩的价格再涨价，也不会涨到几百元一个。

想一想

商品价格会无限上涨或下跌吗？为什么呢？

商品的价值决定价格。价格是价值的货币表现形式，由价值决定，价值是价格的基础。各种商品的价格不同，首先是因为它们所包含的价值量不同。价值量越大，价格就越高；价值量越小，价格就越低。所以商品的价值量与价格是成正比的。

读一读

价值是凝结在商品中的无差别的人类劳动。商品价值的大小应当由凝结在该商品中的劳动量的大小来决定。而衡量劳动的天然尺度是劳动时间（时、分、秒等）。但是社会上生产同一商品的厂家有许多，不同厂家的生产工具有好有坏、技术水平有高有低、工人也有勤有懒，因而生产同一商品的不同厂家，所耗费的劳动时间是不同的。所以如果商品的价值量由个别劳动时间决定，显然是不能为广大消费者所接受的。

商品的价值量是由社会必要劳动时间决定的。这样才能解决生产者越懒，工具越差，技能越低，价值量越大的矛盾。社会必要劳动时间，是指在现有的社会正常的生产条件下，在社会平均的劳动熟练程度和劳动强度下，制造某种商品所需要的劳动时间的平均值。

读一读

社会必要劳动时间的内容主要有以下几个方面。

现有的社会生产条件：既不是过去的生产条件，也不是将来的生产条件，而是指现在的社会生产条件。

社会正常的生产条件：指当时某个生产部门绝大部分产品的生产条件，其中最主要的是使用什么样的劳动工具。

社会平均的劳动熟练程度和劳动强度：指在生产某一同类产品的部门里，绝大多数生产者的劳动技能水平和劳动紧张程度。

现实生产告诉我们，同一商品，不管个别生产所耗费的劳动时间有多么不同，在市场上出售时，只能按社会必要劳动时间决定的价值量出售。因此，商品生产者的个别劳动时间低于社会必要劳动

时间，在竞争中处于十分有利的地位；而商品生产者的个别劳动时间高于社会必要劳动时间，在竞争中会十分被动。这就促使商品生产者努力缩短生产商品所用的个别劳动时间，提高劳动生产率。

在我们今天的生活中，电脑已广泛普及，然而世界上第一台电子计算机问世时，售价要上万美元，现在办公电脑通常也只需几百美元，最便宜的家用电脑只需几十美元。几十年来，电脑的价格已降到原来的几百分之一。近年来，我国某些电子产品价格也降了50%左右。在今天，类似情况已经屡见不鲜，其原因就在于社会劳动生产率的不断提高。

某种商品的生产者普遍提高了劳动生产率，就会导致生产该商品的社会必要劳动时间缩短，因为商品的价值是由社会必要劳动时间决定的，所以单位商品的价值量就降低了。可见，单位商品的价值量与生产该商品的社会劳动生产率成反比。

在商品经济中，竞争是推动社会劳动生产率提高的动力。影响劳动生产率的主要有经济因素和技术因素，如劳动者的技术熟练程度、科学技术的发展水平及在生产中应用的程度、组织和生产管理状况、生产资料的质量和效能、自然条件的优劣等。

（二）价格变动的影响

1. 对消费需求的影响

探究与共享

材料一：2015年国际金价连续走低，但消费者购买黄金饰品的热情并未减弱。贺岁、祈福等产品依然持续热销。羊年主题吊坠、金条更受欢迎，尤其以克数相对较小的吊坠、手链最受欢迎。

材料二：据新华社2015年6月30日发布的对全国农副产品和农资价格行情系统监测显示：4月中旬以来全国猪肉价格整体呈上涨走势。后臀尖、五花肉全国日均价分别上涨8.7%、8.8%。分地区来看，超过九成省、自治区、直辖市猪肉价格上涨，但居民的消费热情并未减少。

不同的商品对价格变动的反应有着怎样的不同？

一般来说，商品价格上涨较高时，人们的购买需求就减少，反之，则增大。因此，日常生活中，经常出现“暮春买毛衣，夏末买凉席，春秋买空调”等反季节消费现象。这样能节约资金，买到物美价廉的商品。

但是生活中也有一种“买涨不买落”的现象。一般来说，价格变动对粮食、食盐、猪肉等生活必需品的需求量影响较小，对汽车等高档耐用品的需求量影响较大。由此说明需求是有弹性的，不同商品的价格变动对需求量影响是不同的。

读一读

春运期间，飞机票可以打折，很多人纷纷改买了飞机票；禽流感来了，人们不再买鸡肉了，纷纷购买猪肉或者牛羊肉；汽油价格高升，大排量、油耗高的轿车销售骤然进入“寒冬”，而小排量、油耗低的轿车需求量增加。

当两种商品的功能相同或相近，可以满足消费者的同一需要时，这两种商品就互为替代商品。一旦一种商品价格上涨，其需求量就会大量减少，导致其替代品的需求增加；反之，一种商品价格下降，就会增加它的需求量，引起其替代品需求量减少。

当两种商品必须组合在一起才能满足人们的某种需要时，这两种商品就是互补商品。一种商品的价格上升，不仅会使消费者减少对该商品的需求量，而且会减少对另一种商品的需求量；反之，一种商品的价格下降、需求量增加，会引起另一种商品的需求量随之增加。

2. 对生产经营的影响

议一议

据新华社2015年6月监测数据显示：半年以来，有超过六成省份生姜价格上涨。受2012年生姜低价影响，农户种植积极性不高，再加上2013年上半年干旱影响，生姜产量减少，导致2013年下半年到2014年生姜价格猛涨。在利益驱使下，全国的生姜种植面积急剧增加。生姜种植面积的扩大势必会造成生姜市场供大于求的局面，从而引发生姜价格暴跌、滞销等风险。

生姜价格的涨落是如何影响姜农的生产活动的？怎样才能防范生姜价格暴跌的风险？

●调节生产

当某种商品供过于求、价格下跌、利润减少，生产者就会缩小生产规模，减少供应量；供应量减少了，又会导致供不应求、价格上涨、利润增加，生产者就会扩大生产，增加供应量。可见，价格变动会调节生产者主动扩大或减少商品生产。

●调节生产要素的投入

为了生产产品，生产者必须投入一定数量的人、财、物。当一些生产要素之间可以相互替代时，为了降低成本，生产者会增加价格下跌的生产要素，而减少价格上涨的生产要素。

二、价值规律

（一）价值规律的内容及表现形式

1. 价值规律的含义

价值规律是商品生产和商品交换的客观规律，支配着商品经济的变化和发展。不论在什么社会经济制度下，只要存在商品经济，价值规律就存在并发挥作用。

价值规律是客观的，不以人的主观意志为转移。人们必须认识、遵循、利用规律，要按规律办事，否则就会受到惩罚。人们可以利用规律来发展商品经济，促进生产发展。

古今中外，在商品交换过程中，要想让买卖双方都满意，必须遵循买卖公平的原则。所谓买卖公平，就是在商品交换中必须遵循等价交换的原则。否则，一方占便宜一方吃亏，商品交换或者不可能进行，或者不可能持久。那么，怎样说明商品生产者之间相互交换的商品是等价的呢？

2. 价值规律的基本内容和要求

商品的价值量由生产商品的社会必要劳动时间决定，商品交换要以价值量为基础，实行等价交换。

货币出现以前，在最初的偶然物物交换阶段，因其“偶然”双方考虑的主要是自己的需要，而把自己多余的产品与对方交换，此时不大在乎是否等价。后来的物物交换，则是等价交换。因为生产资料和劳动产品属于不同所有者，只有它们都按照生产商品所需要的社会必要劳动时间决定的价值进行交换，交换才是公平合理而互利的。例如，在“货币的产生”一节中讲到，2只羊交换1把斧子，说明生产2只羊与1把斧子的社会必要劳动时间相等，二者的交换是等价交换。

货币出现以后，货币成为商品交换的媒介，即：商品——货币——商品。在商品流通中，买、卖在时间和空间上可以分离，不管是卖方还是买方，都是商品与货币直接交换。由于价格是价值的货币表现，价值是价格的基础，因而只要买卖双方的价格与其价值相符，它们之间的交换就是等价交换。

读一读

北京市曾有一段时间洗澡困难，平均50 000人才有一个公共浴室。为什么浴室那么少，发展不起来呢？经了解，几十年来，电、水、燃煤价格都有所提高，但澡票的价格始终是0.26元没有变，浴池不但没有盈余，反而连年亏损，只赔不赚，使洗浴业发展不起来。

等价就是交换双方的价值量要相等。价值规律告诉我们，商品的价格是由价值决定的。不顾价值的大小，人为冻结价格，违背价值规律，其结果必然影响生产企业的发展，给人民生活带来不便。只有实行等价交换，才能使交换双方互利，从而使这种交换持续下去。在这里应当强调的是，等价交换的原则是从整体上、长时期、本质上说的，绝对的等价交换是难以进行的。

3. 价值规律的表现形式

由于受供求关系等的影响，商品的价格和价值常常是不一致的，供不应求的商品的价格高于价值，供过于求的商品的价格低于价值。但这并不意味着违背价值规律，而恰恰是价值规律在商品经济中发生作用的表现。

探究与共享

《京华时报》2015年6月6日讯：一件宋代定窑“美人枕”低调现身于中国澳门舍得拍卖行，以近4亿港元的天价成交（约合人民币3亿多元）。这件“美人枕”号称出自宋定窑，长43厘米，宽15.5厘米，以1 000万港元价格起拍，现场买家纷纷应价，价格很快就突破了亿元大关。经过60余口叫价，最终贵州一家民营企业主以天价竞得拍品。主办方称，此次拍卖的藏品为港澳台及海外华人收藏家的传世收藏或参加国际拍卖会所得珍品。

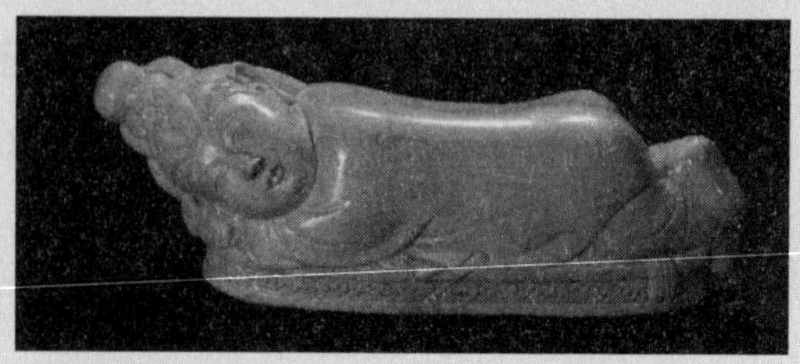

●这是否违背价值规律？

价格和供求间存在着一种相互制约的关系，价格是不会无限制地上涨或下跌。其原因主要有：

由于受供求关系的影响，价格虽然会高于或低于价值，但总是以价值为中心，围绕价值上下波动的。

虽然从孤立的一次商品交换看，商品价格和价值可能不一致，但从较长时期看，二者是趋向一致的。

虽然从某一个别商品看，商品价格可能高于或低于商品价值，但从商品总体来看商品价格总额和价值总额还是趋向一致的。

议一议

价值规律是认识价格变动的基本理论，试着用价值规律来解释下图鸡蛋价格变动的原因。

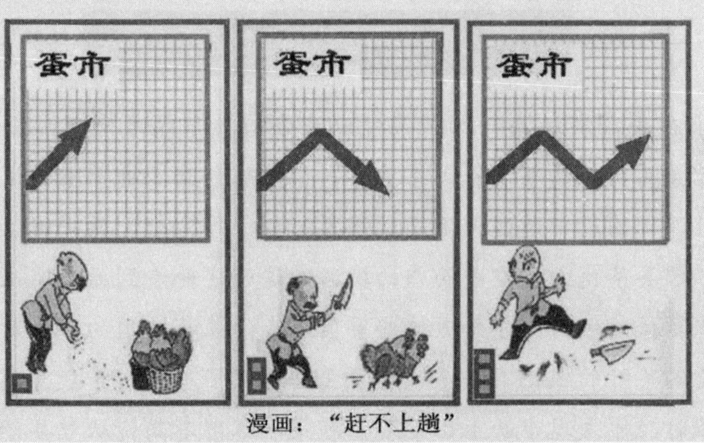

漫画：“赶不上趟”

价值规律是客观的，是不以人的主观意志为转移的。这就要求我们尊重价值规律，特别是在市场经济条件下更要尊重价值规律，利用价值规律为经济发展服务。任何违背价值规律的做法必将受到价值规律的惩罚。

（二）价值规律的作用

1. 调节作用，即价值规律调节生产资料和劳动力在社会生产各部门的分配

想一想

马克思说："资本是不断地从一个生产部门向另一个生产部门流出或流入的。价格高就引起资本的过分激烈地流入，价格低就引起资本的过分激烈地流出。"

●如何理解这句话？

因为某种商品价格高的背后，是这种商品在市场上供不应求，而其价格高对商品生产者是有利可图的，许多商品生产者就会被吸引来生产这种商品，从而使生产资料和劳动力流入这个部门；某种商品价格低的背后，是这种商品在市场上供过于求，而其价格低对商品生产者是无利可图甚至亏本的，所以许多商品生产者就会减少或放弃生产这种商品，从而使某些生产资料和劳动力从这个生产部门退出。

读一读：曹县茶商的意外收获

北宋初年，浙江嘉兴所产茶叶以清香四溢而闻名天下，全国各地茶商纷纷云集嘉兴收购茶叶。山东曹县一位姓陈的商人也千里迢迢赶赴嘉兴贩运茶叶，但因途中遭遇大雨而耽误了行程，等他赶到嘉兴时茶叶已被预订一空。曹县茶商面临空手而归的境遇，这时，他看到嘉兴城里很多工匠都在编织箩筐，一打听才知道这些箩筐是专门装茶叶用的，于是他灵机一动，用收购茶叶的钱把嘉兴全城的箩筐全部买了下来。等众茶商准备贩运茶叶回程时，才发现市面上已无箩筐可买，不得不高价从曹县茶商那里买箩筐。曹县茶商不费吹灰之力在其他茶商身上狠赚了一笔，还免去了车马劳顿运输茶叶的辛苦，带着万贯银两而归，成了一个不小的富翁。

价值规律要求商品交换实行等价交换的原则，而等价交换又是通过价格和供求双向制约实现的。商品供求关系会影响价格，使价格上涨或下跌；反过来，价格上涨或下跌，也会影响供求，使供给和需求趋于平衡。当某种商品供不应求、价格高于价值时，由于有利可图，许多商品生产者就会被吸引来生产这种商品，从而使生产资料和劳动力流入这个生产部门，导致这个部门生产的扩大和产品供应的增加。反之，当某种商品供过于求、价格低于价值时，由于无利可图甚至亏本，许多商品生产者就会减少或放弃这种商品的生产，从而使某些生产资料和劳动力从这个生产部门退出，导致这个部门生产的缩小和产品供应的减少。

价值规律就像一根无形的指挥棒，指挥着生产资料和劳动力的流向。但这种自发调节有两面性，有利的一面是它可以调节生产资料和劳动力在各生产部门的分配，使社会生产保持大体的平衡；不利的一面，即弊端是这种调节具有滞后性，会造成社会劳动的巨大浪费。因而完全依靠价值规律的自发调节是不够的，需要国家宏观调控。在社会主义国家里，关系国计民生的生产资料由国家掌控，进行宏观调控比资本主义国家更有效。

2. 推动作用

推动作用，即价值规律刺激商品生产者改进技术、改善经营管理，提高劳动生产率。

由于价值规律要求商品按照社会必要劳动时间所决定的价值来交换，谁首先改进技术设备，劳动生产率比较高，生产商品的个别劳动时间低于社会必要劳动时间，谁就会获利较多。因而，同部门同行业中必然有竞争，这种情况会刺激商品生产者改进生产工具，提高劳动生产率，加强经营管理，降低消耗，以降低个别劳动时间。

议一议

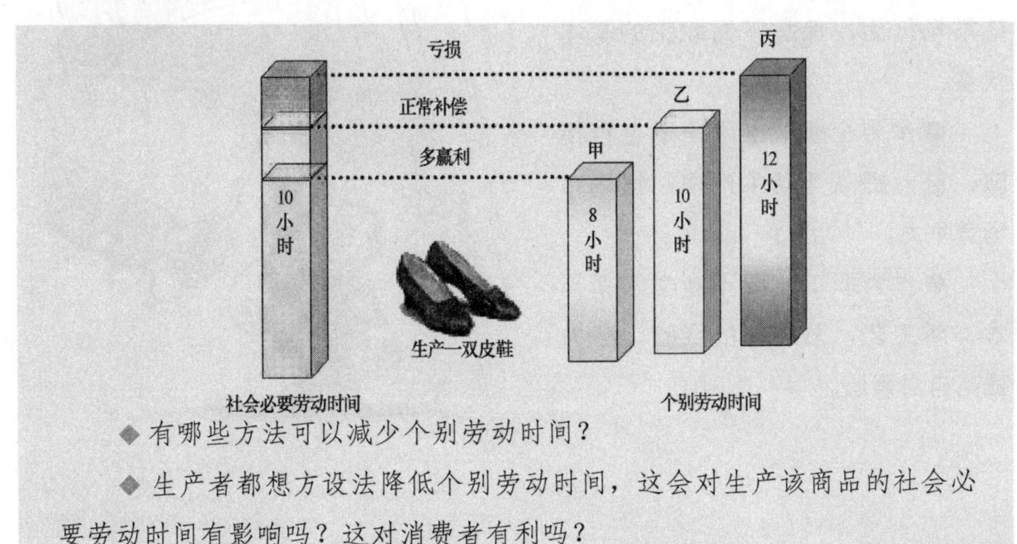

◆ 有哪些方法可以减少个别劳动时间？

◆ 生产者都想方设法降低个别劳动时间，这会对生产该商品的社会必要劳动时间有影响吗？这对消费者有利吗？

商品生产者提高劳动生产率的手段有提高商品生产者自身素质，特别是科学文化素质；改进技术、设备和经营管理水平；等等。目的是让生产商品的个别劳动时间低于社会必要劳动时间，使之获利较多。但由此带来的消极方面是有可能阻碍先进技术的及时传播。

3. 鞭策作用，即价值规律促使商品生产者优胜劣汰

商品经济存在竞争，竞争必然促使商品生产者想方设法缩短个别劳动时间提高劳动生产率，这也会促使优胜劣汰。这是不以人的意志为转移的。

社会主义经济也是商品经济，因而价值规律也必然会发生作用。我们应认识到生产中淘汰一些长期亏损的企业对发展社会主义生产是有利的。首先，可以减少国家对亏损企业的补贴，减少能源、原材料、劳动力的浪费。第二，有利于产业结构的调整。我国有些企业长期亏损，并不是由于企业管理不善，而是因为这种商品供过于求，因此产品长期滞销。这些企业被别的行业兼并后，实质上是一次产业结构调整。第三，有利于提高产品质量。被淘汰的企业往往是一些产品质次价高的企业。这些企业被淘汰了，从全社会角度讲，减少了劣质产品，这有利于提高整个社会的产品质量。第四，有利于激励其他企业。优胜劣汰使某些企业破产，对其他企业无疑是一种鞭策，促使它们采用新技术，改善经营管理，增强企业的创新能力。

但对于破产企业的所有者和经营者来说，毕竟不是一件好事，会给这些企业及其职工带来较大影响，这就需要国家、企业、职工三方面的努力：

●作为国家，要依法治国，规范市场行为，保护下岗职工的基本权益。

●作为企业，必须采取各种措施，努力提高劳动生产率，提高市场竞争力。

●作为职工，要不断学习新技术、新工艺，总结新的经验，努力提高自身素质。

话题三　感受多彩的消费

每个人一出生就开始了消费，吃、穿、住、行等等都是消费，消费是我们日常生活中非常重要的组成部分。消费受哪些因素的影响？有哪些消费类型？人们的消费水平发生着什么变化？我们将从这些问题入手，对消费心理和行为进行分析，探究怎样树立正确的消费观，以便进行科学、合理的消费。

一、消费及其类型

（一）影响消费水平的因素

探究与共享

材料一：2015年6月18日商务部召开例行新闻发布会，发言人沈丹阳介绍了当年前五个月我国消费、对外投资等商务运行情况。他表示，统计数据显示，消费已成为推动我国经济增长的第一驱动力。

材料二：据商务部2015年2月18日至24日数据，全国春节期间零售和餐饮企业实现销售额约6 780亿元，比去年春节黄金周增长11%。除传统消费外，旅游度假、学习、娱乐健身等过年方式成为不少家庭的新选择。旅游、文化成为春节国人消费的新趋势。

材料三：国家统计局数据显示，2015年前五个月我国网上零售额同比增长接近40%。在互联网不断向各产业渗透的背景下，网络消费正以社会消费品零售总额4倍的增速，成为当前我国消费领域的最新亮点。一个新消费时代已经到来。

为什么居民的消费发生了如此大的变化？

影响居民生活消费水平的因素很多，有经济因素，也有非经济因素，概括起来主要有以下几种。

1. 主要因素是居民收入的增加

收入是消费的前提与基础。在其他条件不变的情况下，人们的可支配收入越多，对各种商品和服务的消费量就越大。收入增长较快的时期，消费增长也较快；反之，当收入增长速度下降时，消费增幅也下降。所以，要提高居民的生活水平，必须保持经济的稳定增长，增加居民收入。

居民消费水平不仅取决于当前的收入，而且受未来收入预期的影响。预期收入越乐观，消费水平越高；反之，预期未来有减少收入或者失业风险时，人们就会节制当前的消费，以备不时之需。

居民消费水平与收入差距的大小也有密切联系。收入差距过大，总体消费水平降低；反之，收入差距缩小，会使总体消费水平提高。

2. 物价水平的影响

一般来说，物价上涨，购买力降低，商品的消费量就会减少，消费水平就会降低；物价下跌，购买力提高，商品的消费量就会增加，消费水平就会提高。

3. 人口数量与结构的变动

人口数量的增加会使需求数量增加，人口数量减少会使需求数量减少。人口结构的变动主要影响需求的构成，从而影响某些商品的需求。例如，人口的老龄化会减少对时髦服装、儿童用品等的需求，但会增加对保健用品的需求。

4. 政府的消费政策

例如，政府提高利息率的政策会减少消费，而实行消费信贷制度则会鼓励消费。

5. 消费者偏好

偏好是个人对物品与劳务的态度，即喜爱或厌恶的程度。随着社会生活水平的提高，消费不仅要满足人们的基本生理需求，还要满足种种心理与社会需求。因此，消费者偏好即社会消费风尚的变化对需求的影响也很大。消费者偏好要受种种因素的制约，但广告却可以在一定程度上影响这种偏好，这就是许多厂商不惜血本大做广告的原因。

（二）消费结构和方式

消费结构，指各种不同内容、不同形式的消费在消费总体中所占的比重以及它们的相互关系。比如，按照人们消费的实际内容来划分，可以把消费分为吃、穿、住、用这样的结构；按照消费形式来划分，可以把消费分为实物消费和服务消费这样的结构。生活消费结构，是指一国在一定时期内用于生活消费的各种消费资料的比例关系，以及各种消费方式、消费形式，居民各阶层、各地区消费水平之间的比例关系的总和。

恩格尔

通常以食品消费在居民总消费中的比重即恩格尔系数来表示消费结构，以恩格尔系数的高低来衡量居民的生活水准和国家的经济发展水平。恩格尔系数是指居民家庭中食物支出占消费总支出的比重，是用来衡量家庭富足程度的重要指标。德国统计学家恩格尔根据经济统计资料对消费结构的变动提出这一看法：一个家庭收入越少，家庭收入中或者家庭总支出中用来购买食物的支出所占的比例就越大，随着家庭收入的增加，家庭收入中或者家庭支出中用来购买食物的支出将会下降。消费结构升级是指恩格尔系数不断降低，人们用于自身发展、休闲享受及其他消费的比重、内容、方式不断增多，居民消费效用不断增加的过程。消费结构升级反映了居民消费水平的提高和消费环境的改善，同时，消费结构升级又是经济增长的根本动力。

看一看

我国城乡居民人均收入及恩格尔系数值。

年份	城镇居民人均可支配收入		农村居民人均纯收入		城镇居民	农村居民
	绝对数/元	指数	绝对数/元	指数	恩格尔系数/%	恩格尔系数/%
1978	343.4	100.0	133.8	100.0	57.5	67.7
1980	477.6	127.0	191.3	139.0	56.9	61.8
1985	739.1	160.4	397.6	268.9	53.3	57.8
1990	1 510.2	198.1	686.3	311.2	54.2	58.8
1991	1 700.6	212.4	708.6	317.4	53.8	57.6
1992	2 026.6	232.9	784.0	336.2	53.0	57.6
1993	2 577.4	255.1	921.6	346.9	50.3	58.1
1994	3 496.2	276.8	1 221.0	364.3	50.0	58.9
1995	4 283.0	290.3	1 577.7	383.6	50.1	58.6
1996	4 838.6	301.6	1 926.1	418.1	48.8	56.3
1997	5 160.3	311.9	2 090.1	437.3	46.6	55.1
1998	5 425.1	329.9	2 162.0	456.1	44.7	53.4
1999	5 854.0	360.6	2 210.3	473.5	42.1	52.6
2000	6 280.0	383.7	2 253.4	483.4	39.4	49.1
2001	6 859.6	416.3	2 366.4	503.7	38.2	47.7
2002	7 702.8	472.1	2 475.6	527.9	37.7	46.2
2003	8 472.2	514.6	2 622.2	550.6	37.1	45.6
2004	9 421.6	554.2	2 936.4	588.0	37.7	47.2
2005	10 493.0	607.4	3 254.9	624.5	36.7	45.5
2006	11 759.5	670.7	3 587.0	670.7	35.8	43.0
2007	13 785.8	752.5	4 140.4	734.4	38.3	43.1
2008	15 780.8	815.7	4 760.6	793.2	37.9	43.7
2009	17 174.7	895.4	5 153.2	860.6	36.5	41.0
2010	19 109.4	965.2	5 919.0	964.4	35.7	41.1
2011	21 809.8	1 046.3	6 977.3	1 063.2	36.3	40.4
2012	24 564.7	1 146.7	7 916.6	1 176.9	36.2	39.3
2013	26 955.1	1 227.0	8 895.9	1 286.4	35.0	37.7

注：资料来源：《中国统计年鉴（2014）》

在一定社会经济条件下，消费者同消费资料相结合的方式即生活消费方

式，包括消费者以什么身份、采用什么形式、运用什么方法来消费消费资料以满足其需要。生活消费方式是生活方式的重要内容，广义的生活方式是指人们生存和活动的方式，狭义的生活方式是人们与消费资料结合的方式，即生活消费方式。生活消费方式是由生产方式决定的，生产方式的社会性质决定生活消费方式的社会性质，生产方式的自然形式决定生活消费方式的自然形式，生产方式改变了，生活消费方式也要相应改变。生活消费方式反作用于生产方式，与生产方式相适应的生活消费方式为生产开拓市场，促进生产力的发展和生产关系的完善。落后或超越生产方式的生活消费方式会妨碍生产力的发展，破坏或损害生产关系的进步和完善。随着科学技术的进步和生产力的发展，生活消费方式也日益发展，如方便食品、家用电器、现代交通信息工具等的出现，拓展了人们的消费视野，给人们带来了新的消费空间，改变着人们以前的生活消费方式。

（三）消费类型

（1）按照产品类型的不同，可以分为有形商品消费和劳务消费。如吃穿住行的消费，娱乐身心、发展提高自身的各种消费，花钱购买的各种服务等。

（2）按照交易方式的不同，可以分为钱货两清消费、贷款消费和租赁消费。

钱货两清消费。我们在生活中消费的大多数商品，是通过一手交钱、一手交货的交易方式获得的。一旦交易完成，商品的所有权和使用权即由买主享有。

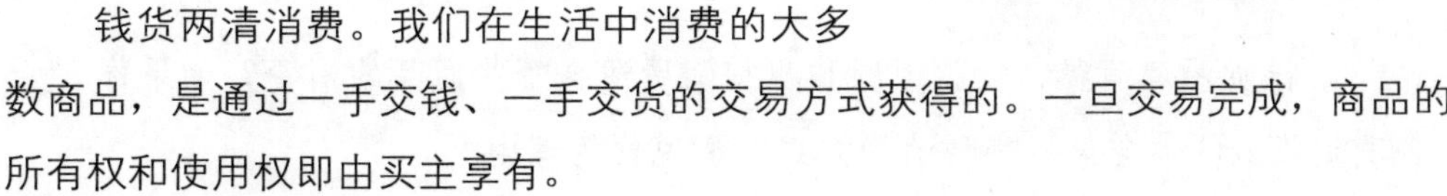

议一议

小王最近很烦恼，刚出来工作，没房子住，爸妈要他赚够钱再买房子；弟弟建议去贷款买房；而朋友则建议去租房住。小王真不知道怎么办好。你赞同谁的建议？请说明理由。

贷款消费。“花明天的钱，圆今天的梦”，形容的就是贷款消费。对于那些收入稳定、对未来收入持乐观态度又没有太多积蓄的年轻人家庭来说，贷款消费不失为一种明智的选择。同时，在扩大内需增加人们的消费量的大环境下，我国政府也是鼓励人们贷款消费的，但是，我们也必须注意一定要遵循“度”的原则。应该把贷款的数额控制在自己的还贷能力之内，如果大家都不考虑偿还能力而去贷款消费，银行就会倒闭，国家经济就发展不起来，最终反而会降低人们的消费水平，所以千万不要把最“浪漫”的事变成一种负担。

租赁消费。对于一些无力购买或使用次数有限的商品，我们可以采取租赁的办法，即不改变该商品的所有权，而获得该商品在一定期限内的使用权。租赁消费的特点是便宜，避免浪费，商品可得到充分利用，有利于节约资源。

想一想

钱货两清消费、贷款消费和租赁消费适合哪些商品的消费？如果你有稳定收入，你会选择哪种消费方式？说说你的理由。

（3）按照满足消费需要的目的不同，可以分为生存资料消费、发展资料消费、享受资料消费。

生存资料消费。为了保持、恢复脑力和体力，维持劳动力再生产的必要消费，是家庭消费必不可少的部分。包括物质资料消费和劳务消费。

发展资料消费。家庭生活中为了满足自身发展和表现一切体力、智力以及个性需要的必要消费。包括物质资料消费和精神产品消费。

享受资料消费。是用来满足人们身心愉悦、快乐享受的消费。包括物质资料消费、精神产品消费和劳务消费。这种消费在家庭中的伸缩性很大，会随着社会的发展和家庭经济水平的提高而逐步丰富多彩。

探究与分享

材料一：国家旅游局的数据显示：2015上半年，我国旅游业逆势上扬，呈现旅游消费和投资两旺的态势，不仅国内旅游人数超过20亿人次，旅游消费总额也创历史新高。

材料二：e家家政服务研究中心调查显示："80后"、"90后"是重度使用家政服务的人群，而朝阳区是北京地区家政服务覆盖最密集的区域。

你如何看待这些变化？

二、树立正确的消费观

我们的消费都会受到主观和客观因素的影响，客观的影响因素前面已经讲过，接下来我们来了解影响消费的主观因素——消费心理。

（一）消费心理

探究与共享

新学期很多学生都换上了新装备：几百元的书包、山地自行车、名牌运动鞋……一位学生家长开学前为孩子买山地自行车花了1 600多元，为方便孩子学习，又给他买了台5 300元的笔记本电脑，新衣服和必要的学习用品也要2 000多块钱。家长一边花钱，一边抱怨，现在的孩子什么都要名牌，孩子们巨大的消费能力让家长不堪重负，家长感觉他们的钱包被"绑架”了。

◆ 这是一种什么消费心理？

◆ 结合自己的消费经历，说说自己在消费过程中是否也受过此类消费心理的影响。

首先，什么是消费心理？一般地说，消费者在进行消费活动时要考虑一些问题，如消费什么、消费多少、以什么方式消费、消费后自我感觉如何，等等，这些伴随着消费者有目的、有意识的复杂的心理活动，就是我们通常所说的消费心理。人们的消费行为都受到消费心理的影响。

想一想

有一位妈妈最怕给女儿买衣服，女儿想买的，妈妈不愿意，妈妈想买的，女儿看不中，每次都闹得不欢而散。妈妈认为，穿衣服不能太张扬，和周围的女孩打扮得差不多才好。女儿坚决不同意：“同学都穿这样的衣服，我不要！”她总是挑选那些和别人迥然不同的衣服。

◆ 妈妈和女儿的消费心理有什么不同？

◆ 怎样评价她们的消费心理？

1. 从众心理

有这种消费心理的人，消费时往往会不由自主地仿效他人，其消费行为受别人评价的影响和别人行为的带动。人们追随时尚的心理，往往能够引发对某类、某种风格的商品的追求，并形成流行趋势。如果忽视个人经济承受能力，盲目从众，会影响到个人或家庭正常的生活，这是不可取的。不过健康合理的从众心理可带动某一产业的发展，如绿色消费带动绿色产业的发展。

2. 求异心理

消费者在购买商品时，注重所购买的商品与众不同，追求新奇、特别、时髦的商品，以此来展示个性。求异心理在一定程度上可推动新产品的出现。但这种消费还应看具体的对象、场合和时间，应考虑社会的认可度和付出的代价。

想一想

“妈妈，我过生日请同学们吃饭，给500元钱。”“这么多呀！”听到小明一下子要500元，妈妈不由得停住了手。“上次同学过生日，请我吃‘麦当劳’，这次我过生日，总不能让人家说我小气吧！我请了10多个同学，准备去吃‘肯德基’，1人30元，不就得500元？”妈妈不得不忍痛“随俗”，只好拿出了500元。

◆这是什么消费心理？

◆这种风气在你们校园存在吗？应该如何看待这种消费现象？

3. 攀比心理

有这种心理的人购买商品不是为了实用，而是要“向上看齐”“人无我有”，为了炫耀，从而获得一种优越感。个别学生饮食消费向广告看齐，服装消费向名牌看齐，娱乐消费向流行看齐，人情消费向成人看齐，不考虑自身的经济条件，这种消费心理是不健康的。

4. 求实心理

在选购商品时要考虑价格、质量、功能、服务等因素，考虑自己的实际需要，讲究实惠，既能满足自己的需要，又不造成经济浪费。这种理智的消费应予以提倡。但要注意避免过分追求价廉，而忽视商品的实用性和一定的质量保证。

实际上，某一种消费心理并不会独立地影响我们的消费，常常是多种消费心理共同影响人的消费行为，只是可能在某些消费行为中某一种消费心理的作用更突出、表现得更鲜明。由于消费心理对消费有重要影响，因此，在消费时更要注重培养健康的消费心理，使我们的消费向合理、健康、文明的方向发展，做一个理智的消费者。

（二）做理智的消费者

探究与共享

《中国青年报》2015年5月调查显示：在2 026人中有44.2%的人使用信用卡后曾逾期还款；67.8%的人直言信用卡随意授信的情况较多；76.8%的人赞同国家完善个人信用评估体系，防止过度授信。其中，喜欢超前消费又收入不高的年轻人容易滥用信用卡。

你是否赞成这种通过透支来进行消费的行为？

1. 量入为出，适度消费

这种原则要求在自己的经济承受能力之内进行消费。那些支出无计划，想买什么就买什么，为了撑面子不惜举债消费而不考虑自己的偿还能力的消费行为，是缺乏理智的。当然，适度消费不是抑制消费，过分抑制消费不仅使个人的生活质量得不到提高，而且影响社会生产的发展。所以，我们提倡适度消费。

探究与共享

2015年上半年最火的电商大战6月18日已落下帷幕，根据各大电商“战报”可见，京东、天猫依然牢牢占据大部分市场份额，国美、苏宁凭借其在家电行业的品牌影响和线上线下的联合，销量也在6月18日当天暴涨。从网购人群看，男女消费者比例差不多，但他们有一个共同特点，长期“生活”在网络社交平台上，容易受到网上各种消费情绪感染而冲动消费。

你曾在商家大促销时买过很多西吗？当时你是怎么想的？

2. 避免盲从，理性消费

随大流去购买，而买的东西自己并不需要，这不是理智的消费行为。别人都买的东西，不一定适合自己的需要，要尽量避免情绪化消费，不盲目攀比，不随波逐流。

另外，也要避免只重视物质消费而忽视精神消费，提倡科学消费。精神文化消费是人类特有的消费现象，而科学文化又是人类文明的重要因素。所以，在物质消费有了一定基础的前提下，我们要注重丰富精神文化生活，加大精神消费。

重物质消费　轻文化消费

读一读

2015年6月26日，“生态文明”贵阳国际论坛年会在贵阳拉开帷幕。本届年会以“走向生态文明新时代——新议程、新常态、新行动”为主题，年会议题涉及全球绿色发展新议程与国际合作，中国可持续发展新议程、新常态，生态文明治理体系和治理能力，绿色产业、可持续发展，绿色城镇化，包容性社会、绿色消费与价值观六大领域。

3. 保护环境，绿色消费

面对严峻的资源短缺现状，我们应该重新审视以往的消费观念，保持人与自然环境之间的和谐。20世纪末，绿色消费悄然兴起。绿色消费是指消费者对绿色产品的需求、购买和消费活动，是一种具有生态意识的、高层次的理性消费行为，其核心是可持续性消费。国际上一些环保专家把绿色消费概括成5R，即节约资源，减少污染（Reduce）；绿色生活，环保选购（Reevaluate）；重复使用，多次利用（Reuse）；分类回收，循环再生（Recycle）；保护自然，万物共存（Rescue）五个方面。

议一议

高消费就代表生活水平高吗？

读一读

中国消费者协会发布《反对浪费，扩大消费》调查报告。报告显示，超过八成的消费者愿意积极支持“厉行节约、反对浪费”，六成消费者在饭店就餐时会主动打包剩下较多的饭菜。调查显示，尽可能减少使用一次性用品、外出适度点菜避免浪费、尽量选择低碳出行方式，是消费者最关注的减少浪费行为。而就餐提醒适度点菜、不设最低消费限制、开发节能环保产品，是消费者期待而经营者也应当认真履行的。

4. 艰苦奋斗、勤俭节约

艰苦奋斗、勤俭节约是一种良好的消费观念，也是正确消费观的本质所在。艰苦奋斗、勤俭节约不仅仅是一个消费观念问题，它还是一种社会风气和道德修养。从传统道德层面看，它是中华民族的优良传统，我们用艰苦奋斗、勤俭节约这个传家宝，把国家建设得更加兴旺发达；从国情来看，我们还处在生产力水平总体较低、经济比较落后的初级阶段，现代化建设需要一代人甚至几代人的艰苦创业；从个人道德修养的角度看，“艰难困苦、玉汝于成”“成由勤俭败由奢”；从可持续发展的角度看，艰苦奋斗、勤俭节约有利于合理利用资源，减少消耗。

树立正确的消费观对每个人都非常重要。在现实生活中，落后、愚昧、无知、不文明、不卫生的消费习惯仍大量存在，既有害于身体健康，又浪费钱财，还败坏社会风气，有损人的道德修养。青少年中也有种种不文明、不健康、不科学的消费习惯，我们必须加以重视，真正成为一个理智的消费者。

话题四　预知未来的职业生涯

为了满足人们日益增长的消费需求，必须提供更好、更多的商品和服务。我们不仅是消费者，而且是生产者。千千万万个企业、各行各业的劳动者用辛勤的劳动，为广大消费者提供所需要的商品和服务。作为未来的劳动者，无论你是就业还是创业，都需要了解企业的类型，探讨企业如何成功经营，劳动者如何就业、创业，如何依法维护自身权益，树立正确的就业观念。

一、企业的经营

探究与共享

2015年7月8日美国《财富》杂志（中文版）发布中国的500强企业排行榜，榜上前三名的位次保持不变，中石化以2.8万亿元的收入成功卫冕榜首，中石油、中国建筑分列第二、第三位。中国工商银行排名上升一位至第四，中国移动排名下降一位至第五。其中中国工商银行以2 758亿元的利润，成为榜上最赚钱的公司，甚至超过了美国500强企业中最赚钱的苹果公司，后者利润为395.1亿美元（约合2 418亿元人民币）。

◆ 你知道什么是企业吗？

◆ 请你说说当地有哪些知名的企业。

人们消费的产品和服务主要是由企业提供的。企业从市场上购买生产所需要的生产资料等商品，同时也源源不断地向市场输送自己生产的商品，满足广大消费者的需求，推动着社会经济的发展。

（一）企业的含义和类型

企业是市场经济活动的主要参与者，是国民经济的细胞。企业是以营利为目的从事生产经营活动，向社会提供商品或服务的经济组织。无论哪种企业，都有一定的企业组织形式。公司制是现代企业主要的组织形式。

企业作为营利性组织，必须拥有一定的独立的法人财产，有自己的名称、组织机构和经营场所；要自负盈亏、对自己的经营活动负责，包括以其全部财产对企业的债务承担责任。成立公司要按照现行的法律、法规和有关政策规定办理相关的登记审批手续，取得法律上的承认。

在我国，国有企业、集体企业、非公有制企业等共同构成社会主义市场经济的微观基础。其中，国有企业是国民经济的主导。

读一读

法　人

法人，相对于自然人而言。自然人是以生命为存在特征的个人。我们每个人都是自然人。法人是具有民事权利能力和民事行为能力，依法独立享有民事权利和承担民事义务的组织，是社会组织在法律上的人格化。公司制度中的“股东”或“人”，既可以是自然人，也可以是法人。

我国法定的公司形式有两种，即有限责任公司和股份有限公司。

有限责任公司，是由2个以上50个以下股东共同出资设立，股东以其出资额为限对公司承担责任，公司为企业法人并以其全部资产对公司的债务承担责任。

议一议

小张、小王、小李三人决定合伙办一家室内装潢有限责任公司，需要启动资金60万元。三人共集资40万元。经理小李决定向社会发行股票，筹集资金，有关部门否定了该公司的这一要求。小王决定把股本转让到小李名下，小李与小张都认为不妥。小王说：“我去年买了几家公司的股票，为了集资，我把股票全部卖给了邻居小赵。到你这儿为啥就不行呢？”公司陷入僵局。

◆ 请你说说这是怎么回事呢？

◆ 有限责任公司和股份有限公司的主要区别是什么？

股份有限公司，是由一定人数的股东发起设立，全部资本分为等额股份，股东以其所持股份为限对公司承担责任，公司为企业法人并以其全部资产对公司的债务承担责任。

有限责任公司和股份有限公司的对比

	有限责任公司	股份有限公司
资本划分与股权的转让	资本不划分为等额股份；股东之间可以相互转让，向股东以外的人转让股权应经其他股东过半数同意	资本划分为等额股份（股票），股票可自由流通转让；股东持有的股份转让无须经其他股东同意，通常在证券交易场所进行
股东数量	股东人数有上限。在我国，由50个以下股东出资设立	股东数有下限无上限。在我国，应当有2人以上200人以下为发起人
注册资本限制	除对公司注册资本最低限额有另行规定的以外，取消了有限责任公司、一人有限责任公司最低注册资本分别应达3万元、10万元的限制；不再限制公司设立时股东（发起人）的首次出资比例以及货币出资比例	除对公司注册资本最低限额有另行规定的以外，取消了股份有限公司最低注册资本500万元的限制；不再限制公司设立时股东（发起人）的首次出资比例以及货币出资比例
公司财务	不能向社会公开募股集资，因而公司财务不必向社会公开	可依法向社会或一定范围内的特定对象募股集资，具有开放性，因而公司财务必须向社会公开
股东表决权	按出资比例行使表决权	一股一票原则
公司组织机构	由股东会、董事会、经理、监事会组成；股东人数较少或规模较小的公司可不设董事会和监事会	由股东大会、董事会、经理、监事会组成
相同点	都是依法设立的企业法人；共同特征是“有限”和“合股”；公司均以其全部资产对债务承担责任；公司的组织机构均为决策机构、执行机构、监督机构三部分；都有名称、活动场所等	

读一读

第十二届全国人大常委会第六次会议决定，对《中华人民共和国公司法》作出修改，并自2014年3月1日起施行。本次公司法修改主要涉及三个方面。首先，将注册资本实缴登记制改为认缴登记制；其次，放宽注册资本登记条件；第三，简化登记事项和登记文件。

公司的组织机构基本由三部分组成：决策机构、执行机构和监督机构。其中股东大会及其选出的董事会是公司的决策机构，处理公司重大经营管理事宜。

总经理及其助手组成公司的执行机构，负责公司的日常经营。监事会是公司的监督机构，对董事会和经理的工作进行监督。这些机构之间权责明确、互相制衡，可以有效提高公司的运行效率和管理的科学性。

公司的组织机构

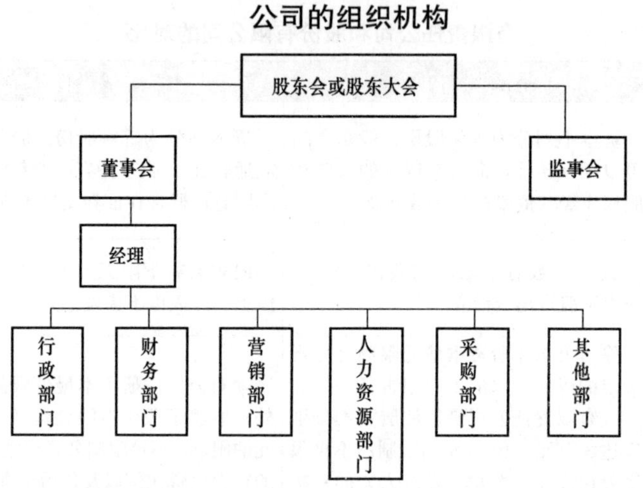

公司制具有独立法人地位、有限责任制度和管理科学等优点。我国已经有许多国有企业通过公司制改革，激发了活力，增强了竞争力，更好地发挥了在经济发展中的主导作用。因此，在国有企业改革中，国家授权的投资公司或者国家授权的部门可以单独投资设立国有独资的有限责任公司。例如中国石油天然气股份有限公司、中国石油化工股份有限公司、中国电信有限责任公司、中国航空股份有限责任公司等。

当然，除去公司制企业外，我国还存在大量的个人独资企业和合伙企业。

读一读

个人独资企业，指由一个自然人以个人财产投资成立的经营实体，投资人以其个人财产对企业债务承担无限责任。个人独资企业往往规模较小，在小型加工、零售商业、服务业等领域较为活跃。

合伙企业，指由各合伙人订立合伙协议，共同出资，合伙经营，共享收益，共担风险的营利性组织，并共同对合伙企业债务承担无限连带责任。

（二）企业的经营与发展

探究与共享

华为技术有限公司是1987年在中国深圳成立的一家生产销售通信设备的民营通信科技公司。华为将每年收入的10%用于研发和创新，在过去10年，华为研发投入累计达1 880亿元。华为在中国、德国、瑞典、俄罗斯和印度等多地设立了16个研究所。华为的产品和解决方案已经应用于全球170多个国家，服务全球运营商50强中的45家及全球1/3的人口。2014年美国《财富》杂志公布的世界500强企业中，华为排在第285位。经过28年的发展，当年很小的通信产品代理商，如今已发展为世界上首屈一指的电信设备供应商。

◆ 你觉得该企业不断发展壮大的根据是什么？

公司的经营，指的是公司为向社会提供产品和服务并获取利润而进行的所有活动的总和。如采购、生产、市场营销等。

公司经营的目的是获取利润。利润表现为企业的经营收入与生产经营成本之间的差额，只有保持一定的赢利能力，企业才能开发技术，更新设备，扩大规模，增强市场竞争能力，为社会创造更多的财富。

一家企业能否经营成功，取决于很多因素。

首先，公司要制定正确的经营战略。一个企业只有战略定位准确，才能抓住机遇，加快发展。反之，一个企业战略定位缺失或定位不准确，决策就会犯错误，就会遭受挫折，甚至导致破产。

议一议

手机行业更新换代很快，曾经的摩托罗拉、索尼都已凋零，但没有哪家像诺基亚这么彻底。在通信模式从模拟向数字转型的过程中，诺基亚异军突起，其创造的辉煌成就至今无人超越：曾在14年里一直是全球第一大手机厂商，其全球市场份额曾高达四成，在智能手机领域甚至高达七成。其多款手机都是通信史上的经典和神话。近些年，在移动互联网大潮背景下，由于诺基亚没有推出像安卓和苹果iOS那样优秀的操作系统，也没有像三星那样使用安卓系统，在用户体验上满足不了用户需求，于是逐渐丧失了行业龙头地位。到后来，不得不把命运交给微软，很多工厂关闭，大批员工被裁，尤其令人惋惜的是，微软最终放弃了“诺基亚”这一品牌。

◆ 导致该品牌目前现状的原因是什么？

其次，在公司经营中要依靠科技进步和科学管理的手段，形成自己公司的竞争优势，这是现代企业发展最重要的方法和途径。企业的竞争优势是多种多样的，如价格、产品质量、服务水平、品牌效应等。这些优势的取得，或是由于企业掌握了独特的技术，或是由于企业的管理水平较高，或是由于企业采取了较好的经营策略，或是以上因素的综合。

探究与共享

材料一：创办于1669年的同仁堂，虽经历了300多年的时代变迁和风风雨雨，但“炮制虽繁必不敢省人工，品味虽贵必不敢减物力”的祖训始终不变。这使同仁堂数百年不衰，并获得“天下第一中药店”的殊荣。

材料二：著名老字号南京冠生园用上一年的陈馅生产月饼，坑害消费者。此事被曝光后，在社会上引起强烈反响，一夜间冠生园的声誉扫地，不久便被迫申请破产。

◆ 你从这两则事例中能悟出点什么？

最后，公司要诚信经营，树立良好的信誉和企业形象。企业的信誉和形象作为一种无形资产是企业特有的、长期形成的。它渗透在企业经营和管理的每一个环节，并随企业的发展不断延续和更新，最终通过产品和服务在市场上形成企业的竞争优势。企业是否诚信经营，关系到企业成败。企业如果通过不正当手段谋取利益，不会取得真正的成功，如有违法还会受到法律的制裁。

搞好公司经营是一个系统的工程，因素也是多方面的，如提高决策者的素质、企业强强联合等，但是在激烈的市场竞争中，总会有一些经营不善的企业面临兼并破产的后果。

企业兼并，就是经营管理和经济效益好的优势企业兼并那些经营不善、企业效益差的企业。这有利于扩大优势企业的规模，增强优势企业的实力，提高企业和整个社会的资源利用效率，有利于促进国民经济的发展。

企业破产，就是对那些长期亏损、资不抵债而又扭亏无望的企业按照法定程序实施破产结算予以淘汰。实行企业破产制度，有利于强化企业的风险意识，提高企业竞争力；并能及时淘汰落后企业，有利于社会资源的合理配置和产业结构的合理调整。

二、企业中的劳动者

（一）劳动和就业

探究与共享

2015年4月28日，中共中央、国务院在北京人民大会堂隆重举行庆祝“五一”国际劳动节暨表彰全国劳动模范和先进工作者大会。中共中央总书记、国家主席、中央军委主席习近平发表重要讲话。讲话中强调全面建成小康社会，进而建成富强民主文明和谐的社会主义现代化国家，根本上靠劳动、靠劳动者创造。无论时代条件如何变化，我们始终都要崇尚劳动、尊重劳动者，始终重视发挥工人阶级和广大劳动群众的主力军作用。

◆ 为什么我国以最高规格表彰劳动模范？

◆ 你觉得劳动的意义是什么？

劳动是劳动者的脑力和体力的支出，是物质财富和精神财富的创造活动，是人类文明进步发展的源泉。在我们社会主义国家中，要以辛勤劳动为荣，以好逸恶劳为耻，使热爱劳动、尊重劳动、保护劳动蔚然成风，形成劳动光荣、崇尚知识、尊重人才的时代新风。

在以分工为基础的社会化生产中，劳动者分布在各行各业，虽然分工不同，但地位平等，都在为社会主义现代化建设做贡献，因此，都应该得到承认和尊重。

探究与共享

2015年我国城镇新增长劳动力1 500万人左右，其中高校毕业生749万，创下历史新高。另外还有中专、技校和初、高中毕业以后不再继续升学的学生，以及需要转移就业的农村富余劳动力。在经济增速放缓、经济下行压力持续加大、产业结构调整的大背景下，就业形势更加复杂、严峻。

◆ 人们为什么要就业？

◆ 面对如此严峻的现实，你未来将如何应对？

就业是民生之本，对整个社会生产和发展具有重要意义。就业使得劳动力和生产资料相结合，生产出社会所需要的物质财富和精神财富；就业问题的妥善解决关系到社会稳定和建设社会主义和谐社会的目标的实现。

对于劳动者来说，就业是劳动者谋生的重要手段。劳动者通过就业取得报酬、获得生活来源，使社会劳动力能够不断再生产；有利于实现劳动者自身的社会价值，从而促进个人的全面发展。

为了推动实现更高质量的就业，党和政府大力发展经济，促进就业；实施积极的就业政策，鼓励、支持就业和再就业；完善市场就业机制，扩大就业规模，改善就业结构；改善劳动就业和自主创业环境。

劳动者要树立正确的就业观，灵活选择就业方式，通过各种途径实现就业，或者自主创业。尤其刚从大学毕业的青年学生，要从平凡的工作做起，艰苦奋斗，摒弃好高骛远、不切实际的想法，正确认识自己，从实际出发，避开不足，发挥优势，在工作中不断提高自己的技能和素质，主动适应劳动市场的需要。俗话说，“三百六十行，行行出状元”，只要脚踏实地、兢兢业业，都能有所作为。

议一议

张岗曾经是一名普通的大学生，他的职业初始之路走得并不顺畅。在应聘第一份工作时，给招聘方打了28个电话，才勉强获得面试机会。而今，在创业、创新的大潮中，张岗找到了属于自己的位置。2014年张岗开始自己经营传统烤全羊。之后，通过网络拉近与消费者的距离，转向“私人定制”业务。他一边进行宣传，一边与消费者实时互动，掌握用户的最新动态和需求，业务量出现了爆发式的增长，每月业务量增速超过30%，他所雇用的员工也从开始的几个人增加到几十人。

◆谈谈你对张岗就业之路的看法。

（二）依法维护劳动者权益

1. 劳动合同的签订

议一议

2014年10月，某公司人力资源总监李某起诉公司未与自己签订劳动合同，要求补偿。其过程是：公司法人代表王女士聘用李某为其名下一家娱乐公司的人力资源总监，王女士原计划将其名下的数家公司合并组建一家集团公司，准备将来任命李某为集团公司的负责人，故一直未与李某签订劳动合同。此后，组建集团公司未能实现，王女士将李某辞退。李某为此提起劳动仲裁，要求娱乐公司补偿其11万元，获得支持。公司不服并起诉。法院经一、二审支持了李某的诉讼请求，判被告支付李某未签劳动合同的两倍工资差额52 000元。

◆谈谈你的看法。

劳动合同是指劳动者与用人单位经平等协商之后，自愿签订的确立劳动关系、明确双方权利义务的协议，是用以约束双方遵守、履行该合同的法律文书。

劳动合同应当以书面形式订立，并具备以下条款：用人单位名称、住址和法定代表人或主要负责人；劳动者姓名、住址和居民身份证或其他有效证件号码；劳动合同期限；工作内容和地点；劳动保护、劳动条件和职业危害防护；劳动报酬和社会保险；工作时间和休息休假；法律法规规定应纳入合同的其他事项。劳动合同除以上规定的必备条款外，当事人还可以协商约定其他内容。

劳动合同的期限分为固定期限、无固定期限和以完成一定的工作任务为期限。劳动合同可以约定试用期，试用期最长不得超过6个月。劳动者在同一用人单位连续工作满10年以上，当事人双方同意续延劳动合同的，如果劳动者提出订立无固定期限的劳动合同，应当订立无固定期限的劳动合同。

2. 劳动法中劳动者的权利

实现和维护劳动者权益，是社会主义制度的本质要求。党和政府在实施积极的就业政策的同时，规范和协调劳动关系，依法维护劳动者权益，着力消除城乡、行业、身份、性别等一切影响平等就业的制度障碍和就业歧视。

读一读

2013年12月，山西籍女大学生曹菊（化名）认为在应聘中遭到性别歧视，将招聘单位北京巨人环球教育科技有限公司告上法庭，此案开庭审理后最终达成和解，女生获被告方3万元的专项资金。在《中华人民共和国就业促进法》发布并生效五年后，这起以“维护女性合法权益”为由向法院提起的诉讼，被称为“中国就业性别歧视第一案”。

我国劳动者享有的权利包括：平等就业和选择职业的权利；取得劳动报酬的权利；休息、休假的权利；获得劳动安全卫生保护的权利；接受职业技能培训、享受社会保险和福利、提请劳动争议处理的权利以及法律规定的其他权利。

议一议

在公司组织的一次体检中，张女士被查出患有乙型肝炎，她一边抓紧治疗一边坚持工作，可公司的同事因为她得了乙肝常常歧视她，更让她感到无助的是公司老板不仅不体谅她，反而处处设置障碍，多次责备其工作质量不合格并劝说其离职。出于无奈，张女士最终被迫签了解除劳动合同协议。

◆ 张女士的哪些合法权益受到了侵害？

◆ 你觉得她应该怎么做？

我国劳动法规定的劳动者享有的各项权利，是保障劳动者主人翁地位的前提，是实现平等就业、充分调动和发挥劳动者积极性和创造性的保证。

对劳动者来说，权利和义务是统一的。劳动者享受权利和履行义务是互为前提的；自觉履行义务有利于维护自身权益。我国实行劳动合同制度，依法签订劳动合同，是维护权益的重要依据。

劳动者要增强权利和法律意识，当自己的正当权益受到侵害时，可以通过投诉、协商、申请调解、申请仲裁、向人民法院起诉等合法手段、法定程序进行维护。

读一读

为了完善劳动合同制度，明确劳动合同双方当事人的权利和义务，保护劳动者的合法权益，构建和发展和谐稳定的劳动关系，第十届全国人民代表大会常务委员会第二十八次会议于2007年6月29日修订通过了《中华人民共和国劳动合同法》，自2008年1月1日起施行。

2007年8月30日第十届全国人民代表大会常务委员会第二十九次会议通过了《中华人民共和国就业促进法》，自2008年1月1日起施行。禁止就业歧视、扶助困难群体、规范就业服务和管理，以及诸多人们关心的就业问题在这部法律中都有体现。

为了公正及时解决劳动争议，保护当事人合法权益，促进劳动关系和谐稳定，第十届全国人民代表大会常务委员会第三十一次会议于2007年12月29日通过制定《中华人民共和国劳动争议调解仲裁法》，自2008年5月1日起施行。

话题五　感知投资理财的魅力

常言说，“你不理财，财不理你”。这句话的意思就是要学会主动合理安排自己的财产，提高资金的利用效率。随着经济的发展，我国居民的收入逐步提高，越来越多的人通过合理安排资金，运用诸如储蓄、债券、基金、股票、房地产、保险等投资理财工具对资产进行管理和分配，达到财富保值增值的目的。其中最为常见的家庭理财方式还是集中在银行储蓄、购买债券和保险、股票投资等几种方式上。通过本课的学习，我们将会了解以上几种投资理财方式的基本知识，并且通过比较它们的异同，学会选择适当的投资理财方式。作为经济社会的参与者，我们应该掌握投资理财的方法，树立积极的生活态度。

一、储蓄和银行

（一）储蓄存款

探究与共享

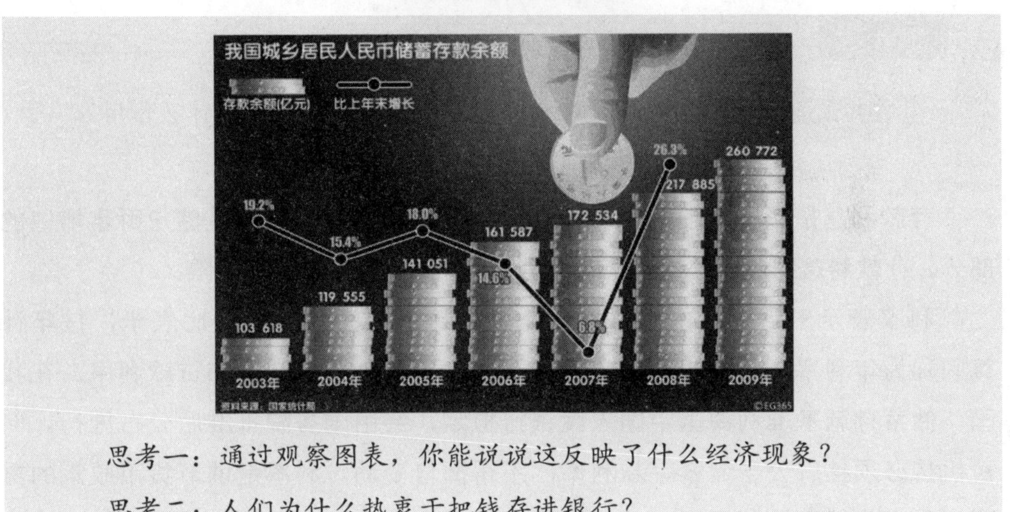

思考一：通过观察图表，你能说说这反映了什么经济现象？

思考二：人们为什么热衷于把钱存进银行？

随着收入的不断增加，越来越多的居民成为储蓄者。改革开放以来我国城乡居民人民币储蓄存款余额迅速增长，从1978年的210.6亿元增长到2014年的1 138 600亿元。人民参加储蓄的目的各不相同，有的是为孩子上学做准备，有的是为了购房、买车，有的是为了养老，还有的是为了资金安全。

1. 储蓄的含义

储蓄存款，是指居民个人将属于其所有的人民币或者外币存入储蓄机构，储蓄机构开具凭证，个人依据凭证可以支取存款的本金和利息。储蓄是我国居民重要的理财方式。

2. 存款利息

想一想

你知道当前的存款利率是多少吗？利率的调整可以发挥什么作用？

存款利息是银行因使用存款人的存款而支付的报酬。这是储户财富增值的部分。存款利息的计算公式是：存款利息=本金×利率×存款期限。

利率表示一定时期内利息量与本金的比率，通常用百分比表示，按年计算则称为年利率。根据银行业务要求不同，可分为存款利率和贷款利率。在我国，储蓄存款基准利率由中国人民银行拟定，经由国务院批准后公布施行。储蓄机构必须挂牌公告储蓄存款利率，不得擅自变动。利率是调节货币政策的重要工具，也用于控制投资、通货膨胀及失业率等，以保持经济稳定和促进经济增长。

3. 储蓄的分类

储蓄存款主要分为活期储蓄和定期储蓄两大类，具体有活期存款、定期存款、整存整取、零存整取、整存零取、存本取息、定活两便、通知存款等。其中，活期储蓄流通性强，灵活方便，适合个人日常生活待用资金的存储，但收益低。定期储蓄流通性较差，收益高于活期储蓄。

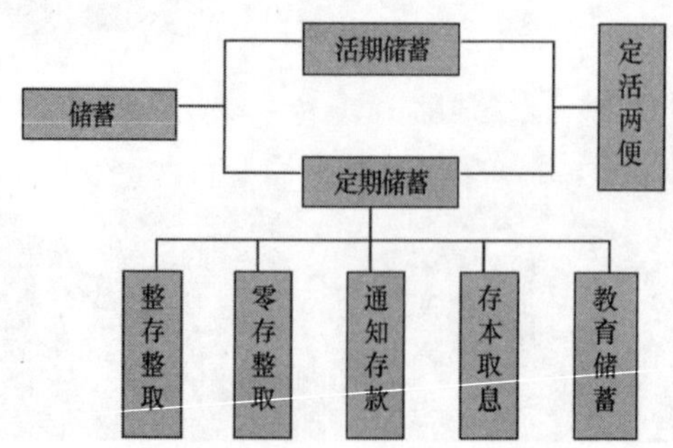

4. 储蓄的特点

由于银行的信用比较高，储蓄存款比较安全、风险较低、收益稳定，存取也较方便，但也存在通货膨胀情况下存款贬值及定期存款提前支取而损失利息的风险。

储蓄是一件利国利民的事。一方面，从国家的角度来看，它可以将分散在人们手中暂时不用的货币集中起来，用于国家的各项事业建设，对于稳定经济、调节货币流通有着重要的作用；另一方面，从个人角度来看，居民参加储蓄不仅可以得到利息，还可以培养勤俭节约的风尚。

（二）商业银行：储蓄存款的主要金融机构

探究与共享

在我们周围，有很多银行营业点，甚至一些城市有“银行金融一条街”。

思考一：你能说出你周围有哪些商业银行吗？

思考二：你能列举出银行对公和对私有哪些业务吗？

1. 商业银行的含义及分类

我国的银行按照其职能和性质可以分为三大类：中央银行、商业银行和政策性银行。我国的中央银行是中国人民银行（PBC），在国务院的领导下，负责制定和执行货币政策，防范和化解金融风险，维护金融稳定。政策性银行，包括国家开发银行、中国进出口银行、中国农业发展银行。商业银行是居民储蓄存款的主要金融机构，它是指经营吸收公众存款、发放贷款、办理结算等业务，并以利润为主要经营目标的金融机构。我国的商业银行又分为国有商业银行、股份制银行、城市商业银行和农村商业银行（农村信用合作社）。

2. 商业银行的业务

（1）存款业务：存款业务是商业银行以一定的利率和期限，向社会吸收资金，并且按规定还本付息的业务。这是商业银行的基础业务。没有存款，就没有足够的资金开展其他业务，就没有商业银行。

（2）贷款业务：贷款是指商业银行以一定的利率和期限向借款人提供货币资金，并要求按规定偿还本金和利息的业务。它是我国商业银行利润的主要来源。其主要有工商业贷款和消费贷款。

（3）结算业务。结算业务是商业银行为社会经济活动中发生的货币收支提供手段与工具的业务。银行对此收取一定的服务费用。

除上述三大业务外，商业银行还为我们提供债券买卖及兑付、代理买卖外汇、代理保险、保管箱服务等。

3. 商业银行的作用

商业银行在我国社会主义经济建设中起着巨大作用。首先，它是社会再生产顺利进行的纽带，为我国经济建设筹建和分配资金；其次，它为企业和政府做出正确的经济决策提供必要依据；再次，它可以作为国家对国民经济各部门和企业的生产经营活动进行监督和管理的手段，以优化产业结构，提高国民经济效益。

二、债券

（一）债券的含义

债券是一种金融契约，是政府、金融机构、工商企业等直接向社会借债筹措资金时，向投资者发行、同时承诺按一定利率支付利息并按约定条件偿还本金的债务凭证。其基本要素包括：面值、偿还期、付息期、票面利率。

（二）债券的分类

目前在我国，根据发行主体的不同，债券主要分为国债、金融债券和企业债券。

国债，是中央政府为筹集财政资金而发行的一种政府债券，是中央政府向投资者出具的、承诺在一定时期支付利息和到期偿还本金的债务凭证。中央政府发行国债往往是为了平衡财政收支，或者为基础设施建设和公共设施建设筹措资金，乃至为战争筹措资金。由于国债以国家的信誉为担保、以税收作为还本付息的保证，因此风险小。国债利率较其他债券低，但一般高于相同期限的银行储蓄存款利率。按发行的凭证不同，国债又可分为凭证式国债和记账式国债，前者不可上市流通，可提前兑取，但需要支付一定手续费，如在一年内提前支取不计息，因此存在一定的风险性；后者可以上市流通转让。

金融债券，是由金融机构发行的债券。金融债券与企业债券相比，违约风险较小，其利率通常低于一般的企业债券，但高于风险更小的国债和银行储蓄存款。

企业债券，是企业依照法定程序发行，约定在一定期限内还本付息的债券。企业主要以自身的经营利润作为还本付息的保证，因此，企业债券风险与企业本身的经营状况直接相关，其风险高于国债和金融债券。与此相对应，企业债券的收益率通常高于国债和金融债券。

（三）债券的特征

三种债券中，国债风险最小，利率最低；企业债券风险最大，利率高。同时，有些债券可以上市交易，因而具有较好的流通性。总体而言，债券是风险与收益并存的投资品种。

三、股票

探究与共享

2014年下半年，恰逢我国发展进入转型期，民众经过2008年大熊市后无论资金还是情绪都已经缓和，股市逐渐回暖，很多人都去证券公司开户，进入股市。

镜头一：一天，小杨打开自己的余额宝账户，之前存入的5万块钱，每天才5毛不到的收益。正巧，他在朋友圈里碰到自己的一位正在炒股的朋友，劝他到股市里试一试。于是，小杨就在网上开了户。刚过了三天，他就赚了2 000元。他十分兴奋，并且拿定主意，把自己所有的积蓄都拿出来投入股市，凭着自己的聪明才智，肯定能赚得盆满钵满。

镜头二：小明和小刚是同一所高职学校的三年级学生，在工学交替期间听到周围的同事都在讨论股票，心想我们也可以试一把，说不定还能赚够一年的生活费呢。于是两人合伙把平时攒的1万元钱投入股市。但股市风云变幻，2015年6月15号股市开始“闪电熊”，两人不仅把前期的盈利2 000元搭了进去，本钱也搭进去了一半。股市有风险，太惨烈，最后两人发誓再也不进入股市了！

思考一：根据上述案例，谈谈你对股票投资的看法。

思考二：股票投资对于国民经济的发展有何作用？

（一）股票及股东

股票是股份公司发行的所有权凭证，是股份公司为筹集资金而发行给各个股东作为持股凭证并借以取得股息和红利的有价证券。每股股票都代表其持有者（股东）对股份公司拥有一个基本单位的所有权，这种综合权利包括参加股东大会、投票表决、参与公司的重大决策、收取股息或分享红利等权利。

读一读

股票种类很多，可谓五花八门、形形色色。这些股票名称不同，形式和权益各异。股票的分类方法因此也是多种多样的。按股东权利分类，可以分为普通股、优先股和后配股；按公司的经营效益可以分为绩优股、成长股、蓝筹股和垃圾股等；按照股票的发行范围可以分为A股、B股、H股和F股。其中A股和B股是在中国大陆上市的，F股是我国的股份有限公司在境外发行并上市的股票（包括N股——纽约上市的股票，S股——新加坡上市的股票等），H股是在我国香港证交所上市的股票。

（二）股票交易的场所

投资者可以通过证券交易所买卖股票。我国大陆目前有上海证券交易所和深圳证券交易所（即通常所说的上交所和深交所）。

（三）股票收入的构成

股票投资的收入包括两部分：一是股息和红利收入，即股票持有人作为股东享有的从股份公司取得的利润分配收入。这是购买股票的一种收益。二是股票价格上升带来的差价。由于股票价格受诸如公司经营状况、供求关系、政府政策、大众心理等多种因素的影响，股票价格会处于波动起伏的状态，正是这种起伏给投资者带来了赚取差价的机会。

（四）股票的特征

股价波动有很大的不确定性，这给股票投资者带来很大风险。股票历来与风险并存。因此，股票是一种高风险高收益的投资类型。

读一读

股票市场的建立和发展，对促进资金融通、提高资金使用效率、推动企业改革和发展具有重要作用。

股票市场，有“牛市”与“熊市”之说。“牛市”是上涨的行情，也称多头市场，指市场行情普遍看涨，延续时间较长的大升市。“熊市”是下跌的行情，也称空头市场，指行情普遍看淡，延续时间较长的大跌市。无论“牛”还是“熊”，作为投资者一定要牢记“股市有风险，入市须谨慎”。

四、商业保险

探究与分享

小张是某高职学校机电一体化专业的三年级学生，在工学交替开始前他购买了300元的保险，但同班同学小李没有购买。两人在一次操作过程中，由于操作不当，都意外受伤。最后，小张自付医疗费只有200元，而小李自付医疗费1 078元。

思考一：小张购买的保险属于哪一类保险？它和社会保险有什么不一样？

思考二：比较小张和小李的情况，购买保险有什么好处？

为了规避现实生活中的各种风险，避免承受损失，居民还会进行保险投资，这里所讲的保险，是区别于社会保险的商业保险。

（一）商业保险的含义

商业保险，是指投保人根据保险合同的约定，由投保人向保险公司缴纳保险费，保险公司对于发生合同约定的事故给被保险人造成的财产损失承担赔偿保险金的责任，或者当被保险人死亡、伤残、疾病或者达到合同约定的年龄界限时，承担给付保险金的责任。这里需要注意的是，只有依法设立的保险公司才能经营保险业务，其他单位和个人不得经营保险业务；投保人和保险公司订立保险合同应当遵循能公平互利、协商一致、自愿订立的原则。

（二）商业保险的分类

商业保险分为人身保险和财产保险两大类。人身保险是以人的寿命和身体为保险对象，如健康险、意外伤害险、人寿险等。财产保险是以财产及其有关利益为保险对象，如机动车保险、家庭财产保险、货物运输保险、信用保险等。

（三）商业保险的特征

商业保险是一种规避风险的投资方式。一是由于被保险人可以将一些风险转移给保险公司，以一定的费用赢得最大保障，以保障财物的最大安全。二是它有个最基本的预定利率，加上分红等因素，有时会跑赢通货膨胀，保值增值。三是保险金不能被冻结、抵债、被法院没收等。所以，商业保险规避了资金的安全性风险、贬值风险、受债权债务影响风险，是一种规避风险的投资方式。

如果把各种投资理财方式看作是一个金字塔，那么风险较低的投资处于底部，风险最高的产品应处于金字塔的顶端。塔的底部应以稳健的保险、国债、货币基金、银行存款等资产组成；塔的中部以债券、养老金准备、自用住宅等资产组成；再往上则是股票、基金等资产；塔尖才是期货、金融衍生品等资产。

议一议

储蓄、债券、股票、商业保险几种投资理财方式在功能、性质、偿还方式、收益、风险、流通性等方面有何异同？在生活中我们该如何选择合理的理财方式？

“你不理财，财不理你。”由于不同的投资理财方式都有自己的优点和弊端，具体如何理财应该因人而异，但根本目的都是实现财产的增值保值。我们应该在理性消费、合理开支的基础上，综合比较多种投资理财方式的收益和风险，“不把鸡蛋同时放在一个篮子里”，做到投资方式多元化，结合自己的实际情况，合理地选择投资理财方式。同时，投资理财也要考虑利国利民，不能违反国家相关法律法规。

话题六　纳税人的骄傲

如果我们把国民收入比作一块蛋糕，对于国家来说一方面要把蛋糕做大，另一方面也要切好蛋糕，就是要合理地分配财政收入，这不仅关系到国家各项事业的发展，也与我们每个人的生活息息相关。通过本课的学习，我们将了解到我国的个人收入分配制度和原则是什么，知道国家财政收入从哪里来又用到哪儿去，以及纳税人意识是什么。作为社会主义的现代公民和社会主义的建设者、接班人，我们应当热爱劳动，增强劳动光荣的情感，增强效率意识和公平意识，确立纳税人的意识。

一、个人收入与分配

我国城乡居民收入呈现多元化状态。其中一个重要的原因是我国现阶段实行的是按劳分配为主体、多种分配方式并存的分配制度，坚持初次分配和再分配都要兼顾效率和公平，再分配更加注重公平的分配原则。

（一）我国家庭收入的多元化

活动探究

思考一：观察上图，你能说出这反映了什么经济现象吗？

思考二：你了解我国城乡居民收入的来源有哪几种吗？

思考三：你家现在的收入来源是怎样的？

1. 我国家庭收入多元化

改革开放以来，随着社会经济的发展，产业结构调整的不断升级，就业结构也不断发生变化，加上我国政府大力发展资本市场、降低利息税、规范和明确物权等做法，城乡居民的收入结构发生了重大变化，收入日趋多元化。

2. 我国城乡家庭收入的构成

我国城镇居民收入结构主要由工资性收入、经营性收入、财产性收入和转移性收入四部分构成。农村居民收入主要由工资性收入、家庭经营性收入、财产性收入和转移性收入四部分构成。

读一读

转移性收入是指政府、单位、社会团体支付给居民家庭的离退休金、价格补贴、住房公积金、救济金、赔偿金、辞退金等，以及居民家庭间的收入转移，如赠送收入、赡养收入等。财产性收入，也称资产性收入，指通过资本、技术和管理等要素参与社会生产和生活活动所产生的收入，即家庭拥有的动产（如银行存款、有价证券）和不动产（如房屋、车辆、收藏品等）所获得的收入，包括出让财产使用权所获得的利息、租金、专利收入；财产营运所获得的红利收入和财产增值收益等。

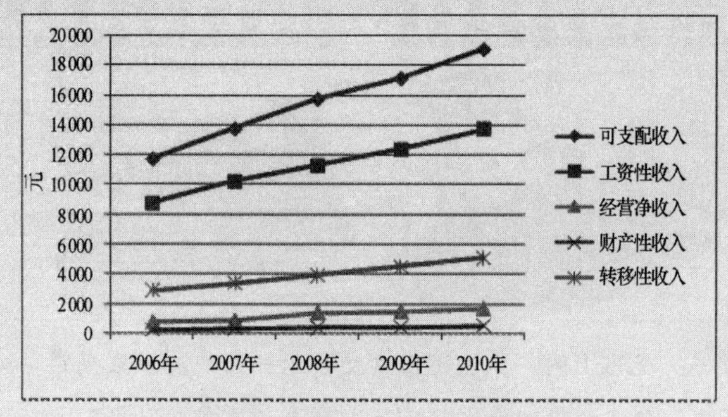

（二）我国的个人收入分配制度——按劳分配为主体，多种分配方式并存

探究与共享

小明有一个幸福和睦的大家庭。他的爷爷奶奶在家务农，同时在村里开了一个小店，每个月有2 000元左右的收入。他的父亲在一家国企上班，月收入5 000元。他妈妈是一家私营企业的工人，月收入3 000元。姐

姐在一家外企当会计，月薪4 000元，她还利用业余时间炒股，平均每月赚1 000元。小明是机电一体化技术专业的毕业生，被一家国有企业录用，月薪4 000元，同时他进行技术研发，被公司一次性奖励10 000元。

思考一：小明一家人收入是否合法？他们收入的依据是什么？

思考二：你能说出他们的收入分别属于哪种分配方式吗？

生产决定分配，生产资料所有制决定分配方式。我国以公有制经济为主体、多种所有制经济共同发展的所有制结构，决定了我国现阶段实行的是以按劳分配为主体、多种分配方式并存的个人收入分配制度。这种分配制度是由我国现阶段的生产力发展水平决定的。

1. 按劳分配为主体

按劳分配是分配个人消费品的社会主义原则。即在生产资料社会主义公有制条件下，对社会总产品做了各项必要的社会扣除后，按照个人提供给社会的劳动的数量和质量分配个人消费品。它的前提和范围是生产资料公有制，依据是劳动者提供劳动的数量和质量这个衡量尺度，基本内容是多劳多得、少劳少得。

按劳分配为主体是由我国现阶段的经济发展水平决定的。生产资料公有制是实行按劳分配的前提，公有制在我国国民经济中占主体地位，决定了按劳分配在我国所有制分配方式中占主体地位；社会主义公有制条件下的生产力的发展水平是实行按劳分配的物质基础；社会主义条件下人们劳动的性质和特点是实行按劳分配的根本依据。

实行按劳分配，一方面有利于充分调动劳动者的积极性和创造性，激励劳动者努力学习科学技术，提高劳动技能，从而促进社会生产的发展。另一方面，按劳分配作为社会主义性质的分配制度，是对以往几千年来不劳而获的剥削制度的根本否定，是消灭剥削和消除两极分化的重要条件，体现了劳动者共同劳动、平等分配的社会地位。

2. 多种分配方式并存

党的十八大报告提出：“千方百计增加居民收入。实现发展成果由人民共享，必须深化收入分配制度改革。深化企业和机关事业单位工资制度改革，推行企业工资集体协商制度，保护劳动所得。多渠道增加居民财产性收入。完善劳动、资本、技术、管理等要素按贡献参与分配的初次分配机制。”因此，在社会主义现阶段，生产力表现出多层次、地区发展不平衡的特点，为了推动社会主义市场经济的发展，我们坚持多种分配方式并存，主要包括按个体劳动者劳动成果分配和按生产要素贡献分配的方式。

同富不同路

（1）按个体劳动者劳动成果分配。

按个体劳动者劳动成果分配，是指个人占有生产资料、独立从事个体劳动和个体经营活动所获得的收入。它的分配对象是劳动者通过自己劳动创造的扣除成本税款后的全部劳动成果的货币表现。它是与个体经济相适应的分配方式。

按个体劳动者劳动成果分配，有利于体现个体经营者对自己生产资料的所有权，激发劳动者的劳动积极性。

（2）按生产要素贡献分配。

按生产要素分配，是指生产要素所有者凭借其生产要素所有权，从生产要素使用者那里获得报酬的经济行为。它包括三层含义：一是参与分配的主体是生产要素所有者，依据是生产要素所有权；二是分配的客体是各种生产要素共同作用创造出来的价值；三是分配的衡量标准，这涉及是按生产要素的质量、数量还是按贡献大小进行分配。我国正在逐步健全劳动力、资本、技术、管理等生产要素按贡献参与分配的制度。

健全生产要素按贡献参与分配的制度，是对市场经济条件下各种生产要素所有权存在的合理性、合法性的确认，有利于国家尊重和保护公民的合法权利；是对劳动、知识、人才、创造的尊重的体现，这有利于让一切要素的活力竞相迸发，让一切创造社

会财富的源泉充分涌流，有利于增加居民收入，推动经济发展，造福人民。

3. 兼顾效率和公平

议一议

“公平就是消灭差别，有差别就不公平。人人平均、不存在差别才是公平。”认同这种观点吗？

现阶段，我国个人收入分配还需要处理好效率和公平的关系。

（1）坚持效率原则。

效率，指经济活动中产出与投入的比率，表示自愿有效利用的程度。效率提高意味着资源的节约和社会财富的增加。效率是人类经济活动追求的基本目标之一。

（2）坚持公平原则。

公平，这里是指收入分配的公平，主要表现为收入分配的相对平等，社会成员之间的收入差距不能悬殊。

（3）效率和公平的辩证关系。

在社会主义市场经济条件下，效率和公平具有一致性。一方面，效率是公平的物质前提。发展生产力、提高经济效率、增加社会财富是逐步实现社会公平的前提和基础。没有效率作为前提和基础，对公平的追求会导致平均主义和普遍贫穷。另一方面，公平是提高经济效率的保证。分配公平能维护劳动者权益，激发劳动者发展生产、提高经济效率的积极性。

因此，在社会主义市场经济条件下，收入分配中初次分配和再分配都要兼顾效率和公平，再分配更要注重公平；既要有助于提高经济效率，又要促进社会公平。

读一读

党的十八大报告指出：“必须深化收入分配制度改革，努力实现居民收入增长和经济发展同步、劳动报酬增长和劳动生产率提高同步，提高居民收入在国民收入分配中的比重，提高劳动报酬在初次分配中的比重。初次分配和再分配都要兼顾效率和公平，再分配更加注重公平。”“加快健全以税收、社会保障、转移支付为主要手段的再分配调节机制。”

二、财政与税收

无论是国家的建设发展，还是公民个人的生活，都离不开国家财政。而税收是国家财政收入的主要来源。作为公民，我们要增强纳税人的意识，履行纳税人的义务，行使纳税人的权利。

（一）国家财政

1. 财政的含义

简单来讲，财政就是一个国家的收入和支出。作为一个经济范畴，是一种以国家为主体的经济行为，是政府集中一部分国民收入用于满足公共需要的收支活动，以达到优化资源配置、公平分配及经济稳定和发展的目标。

（1）财政收入。

国家通过一定的形式和渠道筹集来的资金，就是财政收入。包括税收收入、利润收入、债务收入以及其他收入。其中，税收是国家筹集财政收入最普遍的形式和最重要的来源。经济发展水平和财政政策是影响财政收入的最主要因素。

齐分享

（2）财政支出。

财政支出是指国家为实现各种职能，由财政部门按照预算计划，将国家集中的财政资金向有关部门和方面进行支付的活动，也称预算支出。财政支出可以分为经济建设支出、科教文卫事业支出、行政管理支出和其他支出（包括国防支出、债务支出、政策性补贴支出等）。

2. 财政的作用

财政在国家的经济社会生活中发挥着重要的作用。

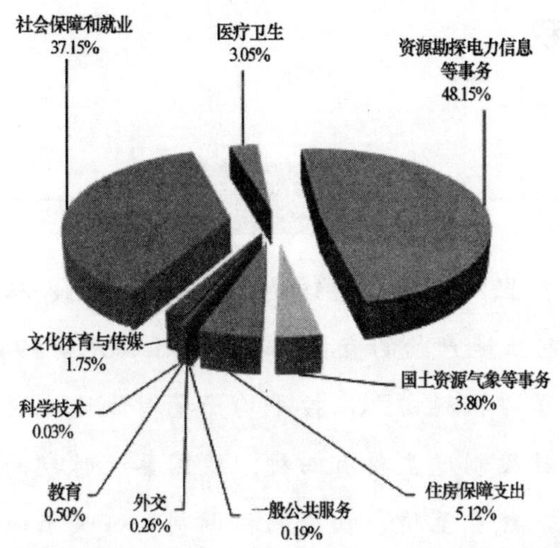

国资委2013年公共预算财政拨款支出决算情况说明

首先，国家财政有利于促进经济的发展。一方面，国家财政可以合理调节资源配置，例如能源、交通运输、邮电通信等这种资金投入量大、建设周期长、投资风险大的基础设施建设行业需要国家财政的支持，通过这种支持可以在一定程度上促进经济结构的优化和经济发展方式的转变；另一方面国家财政可以通过采取相应的财政政策保持社会总供给和总需求的基本平衡，促进国民经济的平稳运行。

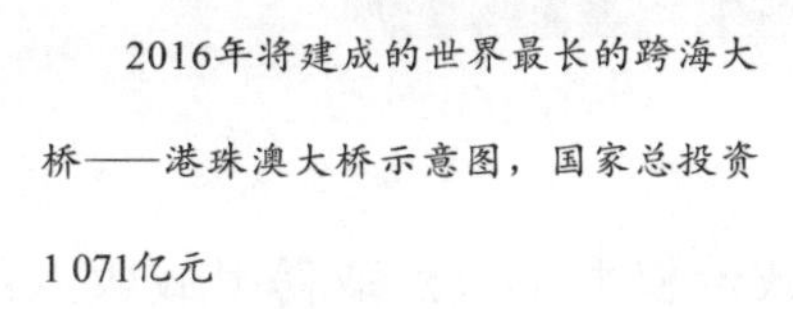

2016年将建成的世界最长的跨海大桥——港珠澳大桥示意图，国家总投资1 071亿元

其次，国家财政有利于促进社会公平，提高人民生活水平。一方面，国家财政可以通过国民收入的再分配，缩小社会收入差距；另一方面，国家财政通过加大对教育、社会保障、医疗卫生等民生事业的投入，让人民共享改革发展的成果。

最后，国家财政有利于巩固国家政权，维护社会的长治久安。国家财政为打击犯罪、保卫国家独立、领土完整和维护海洋权益提供坚实的物质保障。

（二）依法纳税

1. 税收

读一读

《说文解字》里对“税”解释是：“税，租也，从禾，兑声。”有历史典籍可查的对土地产物的直接征税，始于公元前594年（鲁宣公十五年），鲁国实行了“初税亩”，按平均产量对土地征税。自战国以来，中国封建社会的赋役制度主要有四种：战国秦汉时期的租赋制（征收土地税和人头税），魏晋至隋、初唐的租调制（征收土地税、人头税和劳役税），中唐至明中叶的两税法（征收资产税和土地税）、明中叶至鸦片战争前的一条鞭法和地丁合一（征收土地税）。

（1）含义。

税收是国家为实现其职能，凭借政治权力，依法取得财政收入的基本形式。这里需要注意的是，税收征收的主体是国家；其目的是实现国家职能，为自身的存在和发展提供物质保障；税收征收的手段是国家凭借其政治权力；税收的法律依据和法律保障是国家税法。

（2）特征。

税收具有强制性、无偿性和固定性三个特征，这是税收区别于其他财政收入形式的主要标志。

强制性是指税收是国家以社会管理者的身份，凭借政权力量，依靠政治权力，通过颁布法律或政令来进行强制征收。强制性具体体现在：一方面税收分配关系的建立具有强制性，即税收征收完全是凭借国家拥有的政治权力；另一方面是税收的征收过程具有强制性，即如果出现了税务违法行为，国家可以依法进行处罚。

无偿性是指国家取得税收收入，既不需要返还给纳税人，也不需要对纳税人直接付出任何代价。

固定性是指税收是按照国家法令规定的标准征收，即纳税人、课税对象、税目、税率、计税办法和期限等，都是税收法令预先规定的，非经国家法令修订或调整，征纳双方都不得违背或改变。

税收的三个特征相辅相成、缺一不可，强制性是实现税收无偿征收的强有力保证，无偿性是税收本质的体现，固定性是强制性和无偿性的必然要求。

（3）分类。

根据征税对象不同，目前我国税收可以分为流转税、所得税、资源税、财产税和行为税五大类。其中，个人所得税与我们每一个人都息息相关。

2. 个人所得税

（1）含义。

个人所得税是国家对本国公民、居住在本国境内的个人所得和境外个人来源于本国的所得征收的税种，是一个国家税收的重要组成部分。

想一想

根据我国现行税法的规定，请你计算一下小明的爸爸月工资8 000元，每月应纳的个人所得税是多少？

（2）税率。

我国个人所得税按应税项目不同，分别实行超额累进税率和比例税率。例如，工资所得、个体工商生产经营所得等实行超额累进税率，而对个人的稿酬所得，劳务报酬所得，特许权使用费所得，利息、股息、红利所得，财产租赁所得，财产转让所得，偶然所得和其他所得，按次计算征收个人所得税，适用20%的比例税率。实行超额累进税率，纳税人所得越多，税率越高；所得越少，税率越低。自2011年9月1日起，我国将个人所得税起征点上调至3 500元。

（3）作用。

个人所得税是国家财政收入的重要来源，同时也是调节收入分配、实现社会公平的有效手段。

3. 我纳税，我骄傲

我国是人民民主专政的社会主义国家，我国的税收取之于民，用之于民。每个公民，在享有税收带来的各种服务时，也必须自觉树立纳税人的意识。

但在现实生活中，仍然存在偷税、欠税、骗税、抗税等违反税法的现象，针对这些现象，税务机关在依法追缴税款的同时，还要加收滞纳金，甚至处以罚款，触犯刑法的还要追究刑事责任。

读一读

偷税，指纳税人有意违反税法规定，用欺骗、隐瞒等方式不缴或少缴应纳税款的行为。例如，伪造、变造、隐匿、擅自销毁账簿和记账凭证，进行虚假纳税申报等。

欠税，指纳税人超过税务机关规定的纳税期限，没有按时缴纳而拖欠税款的行为。

骗税，指纳税人用欺骗方法获得国家税收优惠的行为。例如，个别企业和个人通过虚列出口货物数量、虚报出口货物价格等手段骗取国家出口退税款；虚报自然灾害，骗取税收减免。

抗税，指纳税人以暴力、威胁等手段拒不缴纳税款的行为。为达到不缴税的目的，拒绝接受税务机关的纳税检查，威胁、围攻、殴打税务人员等，都属于抗税行为。

议一议

我们职校学生是纳税人吗？需要确立纳税人意识吗？

作为国家的主人翁，我们每个公民都应当确立纳税人的意识。一方面，公民应积极履行自觉依法诚信纳税的义务，这是公民社会责任感和主人翁地位的体现；另一方面，积极行使纳税人的权利，如税收知情权、保密权、税收监督权、纳税申报方式选择权等。我们尤其要增强对国家公职人员及公共权力的监督意识，积极关注国家对税收的征管和使用，对贪污和浪费国家资财的行为进行批评和检举，以维护人民和国家的利益。

话题七　面对市场经济

社会主义市场经济正蓬勃发展，通过本课的学习，我们将了解到什么是市场经济，市场配置资源有什么特点和局限性，社会主义市场经济有什么特征，我国的基本经济制度的内容是什么，我国全面建成小康社会的目标及方针政策又是什么。作为未来国家经济建设的主力军，我们要拥护党和国家发展经济的方针政策，提升技能，积极投身全面建设小康社会，为实现习近平总书记提出的“两个一百年”的奋斗目标而努力。

一、社会主义市场经济

市场是需要配置资源、进行调节的。良好的市场经济运行态势离不开良好的市场秩序。但市场调节不是万能的，需要结合及时有效的宏观调控。我国的社会主义市场经济既有一般市场经济的共性，又有具有自己鲜明的个性。

（一）市场配置资源

1. 资源配置的两种手段

人的需要的无限性与社会资源的有限性，决定了社会必须合理配置有限的资源，以尽量满足多方面的需要。市场和计划是资源配置的两种基本手段，我们通常称之为“看不见的手”和“看得见的手”。

市场在资源配置中起决定性作用的经济就是市场经济，市场通过价格、供求、竞争等市场机制自动引导生产者和消费者，像一只“看不见的手”调节着人、财、物的合理流动和有效使用。

读一读

市场机制主要由价格、供求、竞争三种机制构成，三种机制相互联系、相互制约。价格机制是通过市场价格信息来反映供求关系，并通过这种市场价格信息来调节生产和流通，从而实现资源配置。供求机制是通过价格、市场供给量和需求量等市场信号来调节社会生产和需求，最终实现供求之间的基本平衡。竞争机制是通过价格竞争或非价格竞争，按照优胜劣汰的法则来调节市场运行。市场机制能够形成企业的活力和发展的动力，促进生产，使消费者获得更大的实惠。

2. 市场秩序

市场经济是竞争的经济，它的有序运行离不开公平、公正的市场秩序，而这种良好的市场秩序依赖公平、开放、透明的市场规则来维护。

维护市场规则主要以法律法规、行业规范、市场道德规范等对市场秩序做出具体规定。其中包括市场准入规则、市场竞争规则和市场交易规则三个方面，具体有自愿交易、平等竞争、诚实守信和等价有偿等。诚实守信是现代市场经济正常运行必不可少的前提。诚信缺失会导致市场秩序混乱、坑蒙拐骗盛行，进而会导致投资不足、交易萎缩，影响经济的正常运行。形成以道德为支撑、以法律为保障的社会信用制度，是规范市场秩序的治本之策。为此，要切实加强社会诚信建设，建立健全社会征信体系。

读一读

个人信用制度，主要包括准确、公正的个人信用档案系统和科学、透明的个人信用评估制度。在完备的个人信用制度下，个人信用状况是人们的“第二身份证”，我们应当增强诚信意识，注意自己的一言一行，为自己积累良好的个人信用记录。

形成统一开放、竞争有序的现代市场体系，有利于促进市场合理地配置资源，有利于促进市场经济健康、有序地运行。

3. 市场经济的特征

市场经济具有平等性、竞争性、法制性和开放性的基本特征。①平等性，是指市场上经济活动的参加者之间的关系是平等的。它是由价值规律的等价交换原则决定的，具体包括市场主体地位的平等、身份的平等，以及交换过程中必须遵循等价交换的原则。②竞争性，是指市场经济活动的参加者为了自身的利益，以自己的经济实力排斥同类经济行为主体的相同行为的表现。竞争是促进市场经济有效运行和发展的必要条件，一方面可以促使商品生产者和经营者不断改进生产技术，提高劳动生产率，实现优胜劣汰；另一方面可以促使价格变化更具灵敏性，使供求关系尽快得到调整，促进资源的优化配置。③法制性，是指保障市场经济运行要有健全的法制规则，生产者和经营者的经济活动都必须依据市场经济的法规进行。在市场经济中，健全的法制是协调和处理矛盾，体现公正、平等的依据和准则，是维护市场秩序的重要手段。④开放性，是指市场之间不是相互封闭隔绝的，全国是一个统一的大市场，并同世界市场联在一起。这是社会分工和生产专业化的必然要求。

市场经济的四个基本特征是辩证统一的。如果没有平等性，竞争就不能展开；相反，不能开展竞争，就无平等可言。法制性是平等性和竞争性的保证，也是平等性的体现。开放性是平等性和竞争性得以实现的前提，也是法制性能够充分发挥作用的社会条件。

4. 市场调节的限制

市场经济需要市场调节，但市场调节对于市场经济并不是万能的。一方面，在某些特殊行业和领域不能引入市场调节机制。例如：市场解决不了国防、治安、消防等公共物品的供给问题。枪支、危险品、麻醉品等物品的生产和流通也不能让市场来调节。如果听任经营者自由经营这些产品，会严重影响社会安定，危害公民的身心健康，败坏社会风气，这是社会主义市场机制所不能允许的。

探究与共享

① 有利可图　② 一哄而上　③ 挥泪砍树

思考：这三幅漫画分别反映了市场调节的哪种弊端？

另一方面，市场调节具有自发性、盲目性、滞后性等固有的弊端。①自发性，商品生产者和经营者的经济活动都是在价值规律的自发调节下追求自身利益，实际上就是根据价格的涨落决定自己的生产和经营活动。因此，价值规律也会使一些个人或企业为过度追求自身利益而做出不正当的违法行为，如制假售假、欺行霸市、扰乱市场秩序等。②盲目性，市场经济条件下，经济活动的参加者都是分散在各自的行业或领域从事经营，他们在进行经营决策时，仅仅是观察市场上什么价格高、有厚利可图，据此决定生产什么、经营什么，这显然有一定的盲目性。这种盲目性往往会使社会处于无政府状态，必然会造成经济波动和资源浪费。③滞后性，市场调节是一种事后调节，从价格形成、价格信号传递到商品生产的调整过程有一定的时间差，而这个时间差会扰动市场经济的正常运行。

（二）社会主义市场经济的基本特征

社会主义市场经济是同社会主义基本制度结合在一起的。社会主义市场经济既具有市场经济的共性，又具有自己鲜明的个性；既可以发挥市场经济的长处，又可以发挥社会主义制度的优越性。

坚持公有制的主体地位。资本主义市场经济是建立在资本主义生产资料私有制的基础上的。坚持公有制的主体地位，是社会主义市场经济的基本标志。

以共同富裕为根本目标。共同富裕是中国特色社会主义的根本原则。资本主义市场经济以生产资料私有制为基础，人们在生产过程中所处的地位不同，必然导致收入分配的两极分化。在社会主义初级阶段，国家鼓励一部分地区和一部分人通过诚实劳动、合法经营先富起来，逐步消灭贫穷，最终实现共同富裕。

能够实行科学的宏观调控。科学的宏观调控是发挥社会主义市场经济体制优势的内在要求。社会主义市场经济能够发挥国家集中人力、物力、财力办大事的优势，使国家对经济的宏观调控做得更有成效。

读一读

宏观调控，指国家综合运用各种手段对国民经济进行调节和控制。我国宏观调控的主要目标是：促进经济增长，增加就业，稳定物价，保持收支平衡。国家运用经济手段、法律手段和必要的行政手段，实现宏观调控目标。财政政策和货币政策是国家在宏观调控中最常用的经济手段。国家还可以通过制定和实施经济发展战略和规划、收入分配政策、产业政策等，对经济活动参与者进行引导，以实现国民经济持续健康发展。

宏观调控应该以经济手段和法律手段为主，辅之以必要的行政手段，形成科学的宏观调控体系，充分发挥宏观调控手段的总体功能。

把坚持社会主义基本制度同发展市场经济结合起来，是我国改革开放的一条宝贵经验。社会主义市场经济能够把社会主义基本经济制度的优势同市场经济的长处结合起来，把人民的当前利益和长远利益、局部利益和整体利益结合起来；能够处理好政府和市场的关系，既可以充分地发挥市场作用，又能更好地发挥政府作用。

二、我国的基本经济制度

以公有制为主体、多种所有制经济共同发展，是我国社会主义初级阶段的基本经济制度。它是我国社会主义市场经济体制的根基，是中国特色社会主义制度的重要支柱。

（一）公有制为主体

生产资料公有制是社会主义的根本经济特征，是社会主义经济制度的基础。在我国社会主义初级阶段，公有制经济有三种基本形式：国有经济、集体经济以及混合所有制经济中的国有成分和集体成分。

公有制的主体地位主要体现在两个方面：第一，公有资产在社会总资产中的优势地位。第二，国有经济控制国民经济命脉，对经济发展起主导作用。国有经济的主导作用主要体现在控制力上，即体现在控制国民经济发展方向、控制经济运行的整体态势、控制重要稀缺资源的能力上。在关系到国民经济命脉的重要行业和关键领域，国有经济必须占支配地位。

（二）多种所有制经济共同发展

在我国现阶段，除公有制经济外，还存在大量的个体经济、私营经济和外资经济等非公有制经济。其在支撑经济增长、促进创新、扩大就业、增加税收等方面具有重要作用。

（三）坚持和完善社会主义基本经济制度

坚持和完善社会主义基本经济制度，必须毫不动摇地巩固和发展公有制经济，坚持公有制主体地位，发挥国有经济主导作用，不断增强国有经济的活力、控制力和影响力；必须毫不动摇地鼓励、支持、引导非公有制经济发展，激发非公有制经济的活力和创造力。国家保证各种所有制经济依法平等使用生产要素，公开、公平地参与市场竞争，并且受到同等的法律保护。

三、科学发展观和小康社会的经济建设

（一）实现全面建成小康社会的目标和意义

想一想

“总体小康”和“全面小康”之间有什么区别和联系？

1. 总体小康到全面小康的飞跃

1987年10月党的十三大提出了我国经济建设的总体战略目标：第一步，从1981年到1990年实现国民生产总值比1980年翻一番，解决人民的温饱问题，这在20世纪80年代末已基本实现；第二步，从1991年到20世纪末国民生产总值再增长一倍，使人民生活达到小康水平；第三步，到21世纪中叶人民生活比较富裕，基本实现现代化，人均国民生产总值达到中等发达国家水平，人民过上比较富裕的生活。这就是我们所说的“三步走”发展战略。

随着第一步、第二步战略目标的实现，党的十五大又提出了我国现代化建设“新三步走”的发展战略，对邓小平提出“三步走”中的第三步战略目标具体化。即在21世纪的第一个10年，实现国民生产总值比2000年翻一番，使人民的小康生活更加宽裕；再经过10年的努力，使国民经济更加发展，全面建成小康社会。到21世纪中叶，基本实现现代化。

党的十八大重申了“两个一百年”的奋斗目标：在中国共产党成立100年时全面建成小康社会，在新中国成立100年时建成富强、民主、文明、和谐的社会主义现代化国家。同时，为实现“两个一百年”的奋斗目标，绘制了实现“中国梦”、加快推进社会主义现代化建设的宏伟蓝图。

2. 全面建成小康社会的新要求

党的十八大根据国内外形势新变化，顺应我国经济社会的新发展和广大人民群众的新期盼，从经济、政治、文化、社会民生、生态文明五个方面对全面建成小康社会的目标提出了新要求。其中在经济建设方面有：

（1）经济持续健康发展。转变经济发展方式取得重大进展，在发展平衡性、协调性、可持续性明显增强的基础上，实现国内生产总值和城乡居民人均收入比2010年翻一番。科技进步对经济增长的贡献率大幅上升，进入创新型国家行列。工业化基本实现，信息化水平大幅提升，城镇化质量明显提高，农业现代化和社会主义新农村建设成效显著，区域协调发展机制基本形成。

（2）实施创新驱动发展战略。科技创新是提高社会生产力和综合国力的战略支撑，必须摆在国家发展全局的核心位置。要坚持走中国特色自主创新道路，增强创新驱动发展新动力。

（3）推动经济结构战略性调整。这是加快转变经济发展方式的主攻方向。要把推动发展的立足点转到提高质量和效益上来，使经济发展更多依靠内需拉动，更多依靠科技进步、劳动者素质提高、管理创新驱动。坚持走中国特色新型工业化、信息化、城镇化、农业现代化道路。继续实施区域发展总体战略，优先推进西部大开发，全面振兴东北地区等老工业基地，大力促进中西部地区崛起，积极支持东部地区率先发展。

（4）人民生活水平全面提高。基本公共服务均等化总体实现，就业更加充分，收入分配差距缩小，中等收入群体持续扩大，扶贫对象大幅减少。社会保障全民覆盖，人人享有基本医疗卫生服务，住房保障体系基本形成。

（5）资源节约型、环境友好型社会建设取得重大进展。

3. 实现全面建成小康社会的意义

实现全面建成小康社会的目标是强国富民、实现中华民族伟大复兴的重大战略部署。完成这一伟大而艰巨的任务，是实现现代化建设三步走战略目标最为关键的一步，其意义重大而深远。

（二）深入贯彻落实科学发展观，加快转变经济发展方式

1. 深入贯彻落实科学发展观

实现全面建成小康社会的奋斗目标，必须深入贯彻落实科学发展观。科学

发展观是指导党和国家全部工作的强大思想武器，是我们必须长期坚持的指导思想。深入贯彻落实科学发展观必须做到：

（1）必须把推动经济社会发展作为第一要义。要着力把握发展规律、创新发展理念、破解发展难题，深入实施科教兴国战略、人才强国战略、可持续发展战略，加快形成符合科学发展要求的发展方式和体制机制。

（2）必须把以人为本作为核心立场。要始终把实现好、维护好、发展好最广大人民的根本利益作为党和国家一切工作的出发点和落脚点，尊重人民的首创精神，保障人民的各项权益，在实现发展成果由人民共享、促进人的全面发展上不断取得新成效。

（3）必须把全面协调可持续发展作为基本要求。要全面落实中国特色社会主义事业经济建设、政治建设、文化建设、社会建设、生态文明建设五位一体总体布局，促进现代化建设各方面相协调，促进生产关系与生产力、上层建筑与经济基础相协调，不断开拓生产发展、生活富裕、生态良好的文明发展道路。

（4）必须把统筹兼顾作为根本方法。要坚持一切从实际出发，正确认识和妥善处理中国特色社会主义事业中的重大关系，统筹城乡发展、区域发展、经济社会发展、人与自然和谐发展、国内发展和对外开放，统筹各方面利益关系，充分调动各方面积极性。

2. 加快转变经济发展方式，推动经济持续健康发展

党的十八大报告指出，以经济建设为中心是兴国之要，发展仍是解决我国所有问题的关键。以科学发展为主题，以加快转变经济发展为主线，是关系我国发展全局的战略抉择。为适应国内外经济形势新变化，我们应加快形成新的经济发展方式，推动经济持续健康发展。

读一读

在全球制造业格局面临重大调整和我国经济发展环境发生重大变化的背景之下，我国提出了“中国制造2025”的战略规划，这是我国实施制造强国战略第一个十年的行动纲领。其中以创新驱动、质量

为先、绿色发展、结构优化、人才为本为基本方针，以提高国家制造业创新能力、推进信息化与工业化深度融合、强化工业基础能力、加强质量品牌建设、全面推行绿色制造、大力推动重点领域突破发展、深入推进制造业结构调整、积极发展服务型制造和生产性服务业、提高制造业国际化发展水平为任务和重点，旨在把我国建设成制造强国。

议一议

作为职业院校的学生，我们如何在日常学习生活中积极响应“大众创业，万众创新”的号召？

（1）实施创新驱动发展战略

实施创新驱动发展战略，将科技创新摆在国家发展全局的核心位置。具体地说，首先要提高自主创新能力，实现“大众创业，万众创新”。构建以企业为主体、市场为导向、产学研相结合的技术创新体系，加快科技体制机制改革创新。

读一读

“互联网+”是互联网思维的进一步实践成果，它代表一种先进的生产力，推动经济形态不断地发生演变。几十年来，“互联网+”已经改造及影响了多个行业，当前大众耳熟能详的电子商务、互联网金融、在线旅游、在线影视、在线房地产等行业都是“互联网+”的杰作。2014年李克强出席首届世界互联网大会时指出，互联网是大众创业、万众创新的新工具。2015年3月5日在十二届全国人大三次会议上，李克强总理在政府工作报告中首次提出“互联网+”行动计划。李克强在政府工作报告中提出，制订“互联网+”行动计划，推动移动互联网、云计算、大数据、物联网等与现代制造业结合，促进电子商务、工业互联网和互联网金融健康发展，引导互联网企业拓展国际市场。

（2）推进经济结构战略性调整

推进经济结构战略性调整，具体地要抓住四个方面：

首先，要优化产业结构。要继续加强第一产业，巩固第一产业的基础地位；提升第二产业，增强第二产业的核心竞争力；大力发展第三产业，让第三产业在国民经济中发挥更大作用。要继续走中国特色的农业现代化道路、新型工业化道路和服务业现代化道路。

其次，要积极推进城乡发展一体化。解决好农业农村农民问题是全部工作的重中之重，城乡发展一体化是解决“三农”问题的根本途径。要坚持走中国特色城镇化、农业现代化道路。要坚持工业反哺农业、城市支持农村和多予少取放活方针，形成以工促农、以城带乡、工农互惠、城乡一体的新型工农城乡关系。

再次，要促进区域协调发展。优化区域经济结构，要继续实施区域发展总体战略，优先推进西部大开发，全面振兴东北地区等老工业基地，大力促进中部地区崛起，积极支持东部地区率先发展。每一个地区都能够从自身实际出发，发挥各自优势，进行合理的功能定位，实现共同发展。

最后，应改善需求结构。在消费、投资和出口这三大需求中，要千方百计扩大消费需求，形成扩大消费需求的长效机制，通过增加城乡居民收入特别是中低收入者的收入，提高居民的消费能力；要进一步优化投资结构，提高投资效益，把以政府投资为主变为政府和社会共同投资，把以城市投资为主转变为城乡共同投资，把以东部地区投资为主转变为东中西部共同投资，要更多投向农业和战略新兴产业，更多转向民生领域；要提高出口产品质量，打造出口产品品牌，提高出口产品附加值。

（3）大力推进生态文明建设

探究与共享

某地区是著名的实木家具制造基地。为了增加盈利，扩大销售额，该地区滥伐树木，污水排放不达标，几年来，虽然经济增长了，但出现了资源减少、水土流失的现象，他们赖以生存的家园受到了威胁。

思考：你如何评价这种发展经济的做法？你能为这个地区提出更好的发展经济的建议吗？

我国社会经济在快速发展的同时，还存在着靠过量消耗资源和牺牲环境来维持经济增长的问题。资源匮乏、环境破坏、生态失衡已经成为我国经济可持续发展的障碍。

党的十八大明确指出，建设中国特色社会主义，总布局是五位一体，即经济建设、政治建设、文化建设、社会建设、生态文明建设。要以经济建设为中心，以科学发展为主题，全面推进经济建设、政治建设、文化建设、社会建设、生态文明建设，实现以人为本、全面协调可持续的科学发展。

我们应当按照科学发展观的要求，在发展经济的同时，必须树立尊重自然、顺应自然、保护自然的生态文明理念，走可持续发展道路，建设资源节约型与环境友好型社会。

第三篇　公民看世界

中国曾经用最善良、最友好的姿态拥抱世界，然而，一些贪婪的国家却觊觎我们中华民族的地大物博，当时孱弱的统治者无力回击，只能闭关锁国。可是百年前世界列强又凭着坚船利炮轰开了中国的国门，对中华民族进行了政治压迫和经济掠夺。中华人民共和国成立以后，中华民族站起来了，成为政治上独立的国家。改革开放以后，中华民族逐渐富强起来了，成为世界第二大经济体。中国公民也逐步从放眼看世界，到走出国门亲眼看世界，感受全球化，融入全球化。穿越人民共和国60多年的时空隧道，对外开放无疑是其中一个耀眼的亮点。

60多年前，一些西方人用怀疑的目光审视刚刚成立的新中国：一个闭关锁国300年的贫弱之躯，能否跟得上世界经济发展步伐？

30多年前，面对刚打开大门的中国，国际社会一片质疑：让全球1/4人口迅速摆脱孤立，与世界接轨，这种先例有过吗？

今天，从沿海到沿江、沿边，从东部到中西部，我国已形成了全方位、多层次、宽领域的对外开放格局。作为一项基本国策，对外开放给神州大地带来空前巨变，从封闭半封闭经济彻底转向开放型经济，开创了全球范围内走开放式发展新路的成功范例……对外开放改变了中国，开放的中国也在真诚地拥抱世界。未来中国将以更加开放的思维寻求发展，以更加开放的胸怀拥抱世界。

作为中国公民，我们应该在看世界中发现自己的长处，激发民族自豪感、优越感；同时，也要找到自己的不足，从而感悟自己的责任担当。我们应该和祖国一起融入世界潮流。

话题一　面对经济全球化

当今世界是开放的世界。经济全球化趋势迅速发展，各国的经济联系日益紧密，中国的发展离不开世界，我们必须正确理解当今的经济全球化，抓住机遇迎接挑战，立足国内，放眼世界，加快我国现代化建设的进程。

面对经济全球化，我们要坚持对外开放的基本国策，以负责任的大国形象积极参与到国际经济的竞争与合作中去，充分利用经济全球化带来的各种有利条件和机遇；同时又要对经济全球化带来的风险保持清醒认识，坚持独立自主的原则，加强防范工作，增强抵御和化解风险的能力，切实维护我国经济安全，更好地发展和壮大自己。

一、经济全球化的趋势和表现

(一)经济全球化的含义和表现

英国王妃和她的埃及男友，乘坐一辆由一位喝多了苏格兰威士忌酒的比利时司机驾驶的装着荷兰发动机的德国汽车，被一群骑着日本摩托的意大利狗仔队追踪，在法国的一个隧道里发生车祸，抢救王妃的是美国医生，用的药主要产自巴西……这显然是借讲述戴安娜王妃出车祸的故事来形象地诠释全球化，而这不正是新时代的真实写照吗？

在日常生活中，我们往往会和世界名牌不期而遇。从公路上飞驰的汽车，到家电产品，从医院的大型医疗器械，到服装、食品等，到处可以看到外国品牌。而中国制造也走出国门，来到世界各地。当我们到欧洲旅游买纪念品时，一不小心就会买到“MADE IN CHINA”（中国制造）。当西方传统节日到来时，我国很多中小企业会订单大增，而国外经济有个小波动，国内很多企业都会“感冒”。总之，我们几乎每时每刻都能感受到经济的全球化。

探索与共享

美国人的钱包紧了，义乌人的圣诞树生意淡了

2008年的10月，义乌76岁的应彩姣老太太有些搞不明白，往年手头多得扎不完的蝴蝶结，今年怎么突然少了？在浙江东阳农村，许多像应彩姣一样在家“代工”的老年人都发现，以往他们几乎天天坐在自家门口，为工艺品厂做各种挂在圣诞树和圣诞老人身上的小饰品，一天最多能赚40元，但2008年，这类活计少了很多，很多时候一天只能赚10元。

2008年，肇始于华尔街的金融海啸横扫全球，对经济衰退的担忧使美国人的消费意愿降至冰点，并通过一棵棵圣诞树传导到我们身边。

不只是圣诞树，那些挂在它身上的玩具，也同样遇到了难题。金融海啸对人们消费意愿的打击，直接影响了国内的玩具出口，甚至波及服装等纺织类产品。

请思考：为什么我国一些农村地区的老年人都能感受到美国的金融危机？

1. 经济全球化的含义

经济全球化，指商品、劳务、技术、资金在全球范围内流动和配置，使各国经济日益相互依赖、相互联系的现象。

经济全球化的表现是多方面的，其中主要是生产的全球化、贸易的全球化和资本的全球化。

2. 经济全球化的表现

（1）生产全球化。

随着科学技术的发展，生产领域的国际分工与协作不断深化，世界各国的生产相互联系、相互协作，各国的生产活动成为世界生产链条中的一个个环节。许多商品，比如汽车、飞机、大型设备，虽然是某个国家的知名品牌，但其实是许多国家的企业共同协作完成的。

所谓的生产全球化，主要强调的是生产过程国际化，即大型垄断企业到国外进行投资，或开办新公司，或设立子公司，扩大生产和经营的规模，使生产分工日益向国际化、专业化分工发展。

探索与共享

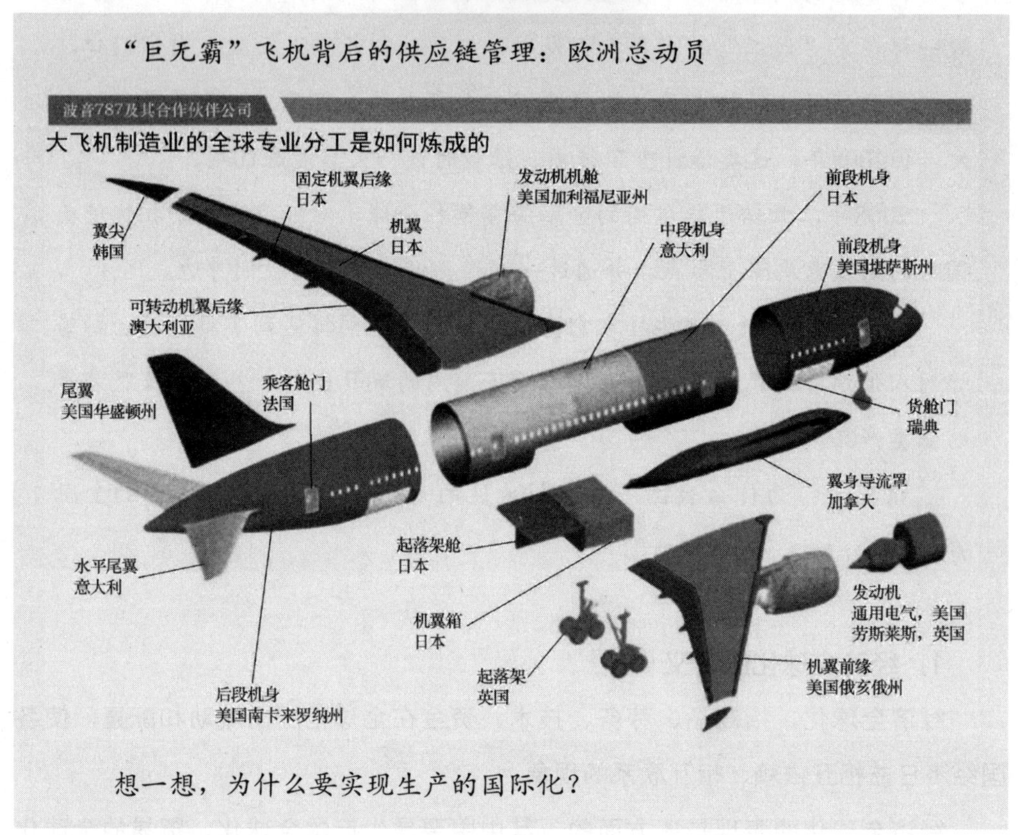

（2）贸易全球化。

贸易全球化是指随着科学技术的发展和各国对外开放程度的提高，流通领域中国际交换的范围、规模、程度得到增强的现象，即商品交换超出了一国的范围，商品在全世界流通，中国的商品可以卖到别国，别国的商品也可以卖到中国。

随着各国对外开放程度的提高，世界各国都参与到国际商品交换中，国际贸易规模不断扩大。1950年世界商品贸易额为610亿美元，2014年世界商品贸易额达到了35万亿美元，参与交换的商品种类越来越多，从商品到服务都进入了世界贸易的范围。

探究与共享

“阿里巴巴”叩开世界大门

（2015年8月11日人民网）

16年前，18个年轻人集资50万元办起了一家叫阿里巴巴的互联网公司；16年后，这家公司与谷歌等全球性互联网企业不分轩轾。“阿里巴巴”的创始人马云说：“这不是奇迹，是互联网和中国的发展造就了阿里巴巴！”

“阿里巴巴创于中国，为世界而生”“全球买，全球卖”“让天下没有难做的生意”“让信用等于财富”……马云勾勒的这些图景，把西方的中小企业和东方最大、增长最快的市场连接了起来；阿里巴巴的“海外淘宝速卖通”短短几年已经覆盖200多个国家和地区。通过阿里巴巴电商平台，美国西雅图还长在树上的樱桃，就被8万个中国家庭下单订购；加拿大不景气的海洋龙虾产业，一下迎来每年9万多只的惊人销量。

“阿里巴巴”和马云，成为追逐“中国梦”的一个成功典型。

想一想，为什么电商要发展境外平台？这体现了什么？你有过在海淘购物的经历吗？

（3）资本全球化。

伴随着生产和贸易全球化，资本的触角伸向全球，资本在国际的流动速度不断加快，投资者只要在计算机上敲几个键，大量资金就可以短时间内从全球一个市场转移到另一个市场。

资本的唯一冲动就是实现价值增殖，当国内市场不能满足资本增殖的需要时，资本必然向全球扩张，因此，资本无限增殖的本性是资本国际化和经济全球化的动因。而市场经济则为其提供了广阔舞台。特别是20世纪90年代以来，有越来越多的国家加入市场经济的行列，资本的跨国流动也进一步加速。一些国际知名的大企业在对我国进行投资之初，其本国政府往往借口国家安全、人权等问题，阻挠它们对华投资。但是，资本为了自身的利益，总是要流动到能带来较大价值增殖的国家和地区。

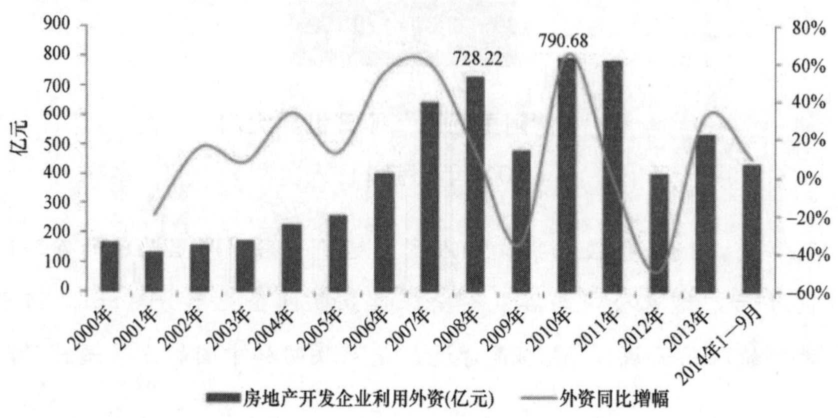

2000—2014年房地产开发利用外资额及同比增幅情况（注：国家统计局统计数据）

我国在改革开放之初，要振兴国内经济，却苦于缺乏建设资金，于是我们采取了一系列措施引进外资。应该说，当年的招商引资，给中国改革开放提供了物质条件。

（二）经济全球化的实现

跨国公司在经济全球化中起着非常重要的作用，是实现经济全球化的最重要载体。跨国公司，是指以一国的总公司为基地，通过直接投资，在国外设立子公司和分支机构，从事跨国生产、销售和其他经营活动的国际性企业。跨国公司是当代国际垄断的主要形式。

跨国公司是经济全球化的重要推动力量。跨国公司实行的全球经营战略，是加快经济全球化进程的重要基础。跨国公司进行的国际性投资，是加快经济全球化进程的有利条件。跨国公司开展的跨国兼并和收购，是加快经济全球化进程的有效手段。跨国公司开展的国际贸易，是加快经济全球化进程的强大动力。跨国公司有力地推动了国际经济技术合作与交流，促进了世界各国经济的发展。跨国公司有力推动了生产要素的全球性流动，促进了资源配置的优化重组。跨国公司已成为推动国际贸易的重要力量。当今跨国公司已是现代科技研发和应用的主体，近些年来一些著名跨国公司加大科研投入，瞄准世界科技前沿，加强高新技术研究，大力应用现代科技成果，促进了科技成果向现代生产力的转化。

探究与共享

阅读雀巢公司对东道国经济发展的影响，想一想经济全球化有哪些影响呢？

雀巢作为一家食品公司，在世界上60多个国家和地区有200多个工厂，这样一个跨国公司的经营活动给东道国带来了那些影响呢？

首先，从积极方面来看，雀巢公司在第三世界国家设厂，以投资和其先进技术弥补了东道国的资金和技术缺口；同时为东道国农产品找到出路，有利于东道国的农业和经济发展，雇用东道国工人并在生产过程中培训和提升了劳动者的素质。

其次，从消极方面来看，雀巢公司在东道国生产食品，占据了东道国大量市场份额，而消费者的购买造成了东道国财富的流失，影响了东道国本身的工业发展，使东道国的持续发展以及国家宏观调控能力变弱。

最后，雀巢的经营活动为东道国带来了西方文化，无形地影响着东道国的意识形态。

（三）经济全球化的影响

经济全球化是当代世界经济的重要特征之一，也是世界经济发展的重要趋势。经济全球化的过程早已开始，尤其是进入20世纪90年代以后，世界经济全球化的进程大大加快了。经济全球化有利于资源和生产要素在全球的合理配置，有利于资本和产品在全球流通，有利于科技在全球拓展，有利于促进不发达地区经济的发展，是人类发展进步的表现，是世界经济发展的必然结果。但它对每个国家来说，都是一把双刃剑，既是机遇，也是挑战。特别是对经济实力薄弱和科学技术比较落后的发展中国家来说，面对全球性的激烈竞争，所遇到的风险、挑战将更加严峻。

案例阅读

经济全球化是一把双刃剑

一篇题为《美国人24小时离不开中国货》的文章介绍：早晨6点闹钟响了，美国进口的闹钟有2/3来自中国；中午锻炼穿的运动鞋有近50%是中国生产的；晚间熄灯，床头灯和办公室的台灯一样有将近50%是中国制造的。美国出口到中国的主要是技术含量高、附加值高的工业产品和农产品。其中最说明问题的是鞋子换飞机的事例。按旅游鞋每双3美元计算，换一架美国波音飞机中国要出口5 000多万双鞋。

据美国《洛杉矶时报》介绍，美国从中国进口一个芭比娃娃玩具是2美元，其中原料产自中东地区，在美国得克萨斯州和中国台湾加工为半成品，包装材料是美国的，假发是日本生产的，购买原材料加上运输费共1.65美元，中国的加工费仅0.35美元，而每个芭比娃娃玩具在美国市场的售价是9.99美元。又如，美商开发出一种可发声的地球仪，既可做儿童玩具又可做小学生学习用具，美商以每件40美元将订单下给一家香港公司，这家香港公司以每件20美元将订单下给一家广东外贸公司，广东外贸公司以每件15美元（成本费12美元）将订单下给广东和江苏的生产企业，美商拿到产品后以每件72美元卖给美国商场，美国商场零售价高达88美元。还有，2002年中国对美家具出口达28.9亿美元，增幅为75%。中国向美国出口的家具中，约60%是美国家具，即不少产品从原料到工艺、样式都完完全全是美国货，只是在中国组装后，再运回美国销售。据美国北卡罗来纳大学的研究显示，一个集装箱家具的加工费和从中国运到美国的运费共2 800美元，但是，销售价格仍比在美国组装加工的便宜20%～30%。

进入20世纪90年代以来，经济全球化带来的负面影响日益显现。

首先，经济全球化使全球经济牵一发而动全身的势态更加明显。由于各国经济之间的相互依赖空前加强，任何一国经济的内部不平衡都会引发他国经济的不平衡，进而影响到与其具有密切经济关系的国家，最终不同程度地“传染”给所有国家。1997年前泰国的货币危机很快波及整个东南亚以及韩国和日本，形成了严重的地区性金融危机，随后又蔓延到俄罗斯及拉美地区，引发了全球范围的金融动荡。这就是一个典型的例证。

其次，经济全球化使各国的经济主权，特别是财政和货币政策的独立性面临日益严峻的挑战。这种挑战有的是经济主权的“主动”让步，包括世界贸易组织的历次减让关税和贸易自由化谈判，以及一些国家为得到国际货币基金组织的援助而被迫进行的“经济调整”，还有跨国私人经济力量对所在国经济主权的干扰等。其中最为典型的是跨国公司和国际游资。联合国贸易和发展促进会的统计显示，目前世界生产总值的1/3、世界贸易额的2/3、世界对外直接投资的90%都是由跨国公司创造的，而它们的战略目标却极少同东道国长远经济规划一致，从而对东道国的经济政策产生消极作用。许多国家的经验都表明，在汇率动荡时期，跨国公司常常是大规模货币投机的主要责任者。同时，在经济全球化的背景下，各国资本账户逐渐开放，资本管制的有效性不断下降，为国际游资的冲击打开了“方便之门”，使不少国家饱受外来资本冲击之苦。

最后，经济全球化加剧了现已存在的贫富差距。全球范围的竞争创造了效率，同时也使财富越来越向少数国家或少数利益集团集中，原因之一就是经济全球化带来的利益分配不均衡。作为拥有资本和先进技术的主要发达国家总是处在全球化的中心地位，这使它们在价格制定等方面具有主导权，并可以利用对世界银行、国际货币基金组织、世界贸易组织的控制权制定有利于自己的规则，实行趋同化标准，强迫发展中国家开放市场；而作为主要拥有劳动力这一生产要素的发展中国家则总是处在边缘地位。

当今经济全球化的实质是资本主义全球化，是资本主义生产关系在全球范围内的不断拓展和渗透，目前经济全球化中急需解决的问题是建立公平、合理的新经济秩序，以保证竞争的公平性和有效性。

探究与共享

世界各国在经济全球化的进程中大都获得了实际的经济利益，但为什么世界贫富差距急剧扩大？

我国应坚定不移地实行对外开放政策，适应经济全球化趋势，积极参与国际经济合作与竞争，充分利用经济全球化带来的各种有利条件和机遇

二、对外开放是一项基本国策

探究与共享

南非经商的陈达冰——走出去，中外交流舞台更宽广

49岁的陈达冰老家在湖北襄阳，20多年前，他从湖北的一家外贸企业辞职“下海”，来到南非经商，现在是南非钻石有限公司董事长。陈达冰说，非洲的基础设施虽然不是很完善，但是资源丰富，发展刚刚起步，经济发展方兴未艾，蕴藏了巨大的潜力和商机。

从2009年起，中国已成为非洲第一大贸易伙伴，这也给在非洲的中国商人带来了新的机遇。

意大利留学归来的肖蕊——走回来，发现一个不一样的中国

越来越多的中国人走出国门，感受世界的精彩。同时，也有越来越多的人选择回到国内，发现一个不一样的中国。2006年9月，刚刚从南京艺术学院本科毕业的肖蕊前往意大利攻读硕士研究生。“意大利是美声唱法的发源地，出国学习可以更多地感受并学习纯正的歌剧艺术。”2008年开始，我国出国留学人数保持20%左右的年增长率。

随着综合实力的提高，国家政策从“招商引资”向“招才引智”转变，“人才强国战略”和“千人计划”等政策不断出台，给“海归”带来了极大的发展机遇，越来越多的留学人员选择回国就业、回国创业。

（一）对外开放是我国的一项基本国策

对外开放是我国的一项长期的基本国策。当今世界范围内的贸易往来、资金融通和技术转移的规模日益扩大，新技术革命正在世界范围内兴起，只有把自身经济发展同对外经济技术交往活动密切联系起来，才能立足于世界民族之林，闭关锁国是没有出路的。

对外开放既要引进来，又要走出去，引进来是为了走出去。这样可以更好地利用国际资源，更直接地进入国际市场竞争，更有效地参与国际分工与经济合作，以适应经济全球化潮流。走出去不仅是到境外融资，而且要到境外投资，即发展具有我国比较优势的对外投资，搞跨国经营，推动企业走向世界，积极开拓国际市场。我们要利用国内、国际两种资源，打开国内、国际两个市场，学会组织国内建设和发展对外经济关系两套本领。这对于增强我国经济实力，推动科技进步，促进本国经济与世界经济接轨，以及抵制贸易保护主义都有重要意义。

（二）我国全方位的对外开放格局

改革开放以来，我国从沿海到沿江、沿边，从东部到中西部，逐渐形成了全方位、多层次、宽领域的对外开放格局，迅速实现了向经济贸易大国的转变，取得了举世瞩目的伟大成就，促进了经济的振兴，加快了工业化进程，拓展了自主创新的途径，也推动了社会主义市场经济体制的建立和完善，提高了我国的国际地位和影响力。

（三）我国在对外开放中和各类世界经济组织的关系

1. 中国和 WTO（世界贸易组织）

2001年12月11日，我国正式成为WTO成员。面对世界多极化、经济全球化，从我国进一步改革开放的需要出发，我们党做出了加入WTO的重大战略决策。加入WTO，有利于我国社会主义市场经济体制的建立和完善，有利于我国国际地位的提高，有利于我国在更大范围、更广领域和更高层次上参与国际经济技术合作和竞争，以开放促改革、促发展，标志着我国对外开放进入了一个新阶段。

WTO是三大全球性国际经济组织之一，被称为“经济联合国”。WTO是一个独立于联合国的永久性国际组织，其前身为关税与贸易总协定（GATT）。1994年4月在摩洛哥马拉喀什举行的关贸总协定部长级会议上正式决定成立世界贸易组织，1995年1月1日世界贸易组织正式开始运作，负责管理世界经济和贸易秩序，总部设在日内瓦。该组织的基本原则和宗旨是通过实施非歧视、关税减让以及透明公平的贸易政策，来达到推动世界贸易自由化的目标。世界贸易组织由部长级会议、总理事会、部长级会议下设的专门委员会和秘书处等机构组成。它管辖的范围除传统的和乌拉圭回合新确定的货物贸易外，还包括长期游离于关贸总协定外的知识产权、投资措施和非货物贸易（服务贸易）等领域。世界贸易组织具有法人地位，它在调解成员争端方面具有更高的权威性和有效性，在促进贸易自由化和经济全球化方面起着巨大作用。

延伸阅读

中国加入WTO已15年，在过去的10余年里，中国经济快速发展。2015年7月1日，中国加入WTO15年保护期到期，引起一些媒体关于进口商品价格是否会大幅下降的关注。商务部表示，中国在2001年12月11日加入WTO以后，于2002年1月1日起开始全面下调关税，分10年逐步实施。其中，对绝大部分进口产品的降税承诺在2005年1月1日已经执行到位；到2010年1月1日，所有产品的降税承诺已经履行完毕。这意味着2015年7月1日以后，中国关税总水平仍会保持基本平稳。中国入世15年至少在两方面重塑了世界经济体系。一方面，中国已经成为世界经济的主角之一和世界经济增长的主要引擎。入世以来，世界见证了中国经济发展最快的15年。这15年里，中国国内生产总值从2001年的11万亿元人民币增长到2014年的64万亿元人民币，增长约6倍，经济总量跃居世界第二。按照国际货币基金组织的购买力评价为世界第一。

另一方面，中国的高速发展有力地推动了全球经济结构转型。长期以来，世界经济由发达国家主导乃至垄断。以中国为首的新兴经济体近30年特别是近15年来异军突起，使得这一局面发生了重大变化。国际货币基金组织副总裁朱民直言："30年来，新兴经济体在全球GDP中的占比从28%上升至现在的50%，社会财富从22%增长到70%，贸易从21%发展到50%，投资从26%增长到65%，成为世界上最重要的经济群体之一。"新兴市场已经崛起，并将持续发展壮大。毫无疑问，中国是其中最大的贡献者。

2. 中国和 IMF（国际货币基金组织）

国际货币基金组织是根据1944年7月在布雷顿森林会议签订的《国际货币基金协定》，于1945年12月27日在美国华盛顿成立的，与世界银行并列为世界两大金融机构，其职责是监察货币汇率和各国贸易情况，提供技术和资金协助，确保全球金融的正常运作。总部设在美国华盛顿。

中国是IMF的创始国之一，新中国诞生后我国的席位长期被台湾当局占据。1980年3月IMF派团来华与我方谈判，同年4月17日IMF执行董事会通过了由中华人民共和国政府代表中国的决议，恢复了中华人民共和国在IMF的合法席位。

3. 中国和 WB（世界银行）

世界银行是世界银行集团的简称，于1944年成立，由国际复兴开发银行、国际开发协会、国际金融公司、多边投资担保机构和解决投资争端国际中心五个成员机构组成，1946年6月开始营业。凡是参加世界银行的国家必须首先是国际货币基金组织的会员国。世界银行总部设在美国首都华盛顿，有员工10 000多人，分布在全世界120多个办事处。狭义的“世界银行”仅指国际复兴开发银行（IBRD）和国际开发协会（IDA）。按惯例，世界银行集团最高领导人由美国人担任，为期5年。

世界银行是一个国际组织，一开始的使命是对在第二次世界大战中被破坏的国家重建进行资助。该机构在减轻落后国家贫困和帮助因战乱、自然灾害等陷入穷困的国家恢复生产生活中发挥了积极的作用。在2012年，世界银行为发展中国家提供了大约300亿美元的贷款或资助。

世界银行与国际货币基金组织和世界贸易组织都是国际经济体制中重要的组织机构。

中国是世界银行的创始国之一，新中国成立后，中国在世界银行的席位长期为台湾当局所占据。1980年5月15日，中华人民共和国在世界银行和所属国际开发协会及国际金融公司的合法席位得到恢复。1980年9月3日，中国在该行的股份从原7 500股增加到12 000股。在世界银行的执行董事会中，中国有一名董事并有投票权。从1981年起开始，中国向该行借款，此后与世界银行的合作逐步扩大，推动了中国交通运输、行业改造、能源、农业等国家重点建设以及金融、文卫环保等事业的发展。同时该组织还为中国培训了大批了解世界银行业务、熟悉专业知识的管理人才。

三、我国对外开放的新举措

经过30多年的改革开放，我国经济总量已位居世界第二、进出口贸易总额为世界第一、外汇储备为世界第一、对外投资为世界第三，中国与外部世界的经济关系日益紧密。目前中国正在全球贸易体系中构建对外开放的“新棋局”，包括构建开放型经济新体制、放宽市场准入、扩大服务业、资本市场对外开放和扩大内陆沿边开放等。

（一）自贸区的成立

自由贸易区（FTA）是指由国家指定的进行贸易的区域，在主权国家或地区的关境内外划出特定的区域，准许外国商品豁免关税自由进出。在自由贸易区进行交易，比世贸组织相关规定更加优惠。

我国从2014年起已先后建立了上海、广东、天津、福建自由贸易区。

延伸阅读

改革开放以来，我国经济取得了长足发展，2012年我国已经超越美国成为全球第一贸易大国，对外贸易是我国经济发展的基础动力。上海自贸区的设立无疑是我国经济转型过程中的一次有益尝试，将从贸易层面推动我国国内经济结构的转型，优化贸易格局，提升我国经济的对外吸引力和贸易的国际竞争力。

（二）“一带一路”战略的提出

我国已经进入了实现中华民族伟大复兴的关键阶段。中国与世界的关系在发生深刻变化。为适应经济全球化新趋势，推进更高水平的对外开放，我国提出推进丝绸之路经济带、海上丝绸之路建设，以对外开放的主动赢得经济发展的主动、赢得国际竞争的主动。

探究与共享

想一想，我国为什么提出“一带一路”的倡议？

“一带一路”战略受地理区位、资源禀赋、发展基础等因素影响，我国对外开放总体呈现东快西慢、海强陆弱格局。经过30多年的改革开放，诸多经济指标显示，我国经济发展已进入全新阶段——经济总量世界第二，进出口贸易总额世界第一，外汇储备世界第一，外商投资额世界第一，对外投资跃居世界第三，预计不久将成为资本净输出国。与此同时，2008年金融危机后世界经济增长明显减速，欧美国家调整经济发展政策，中国与外部的经济关系悄然发生变化。

资本输出的方式将带动我国全球贸易布局、投资布局、生产布局的重新调整。在“一带一路”建设中，我国将以资源型产业和劳动密集型产业为重点，在沿线国家发展能源在外、资源在外、市场在外的“三头在外”产业，进而带动产品、设备和劳务输出。

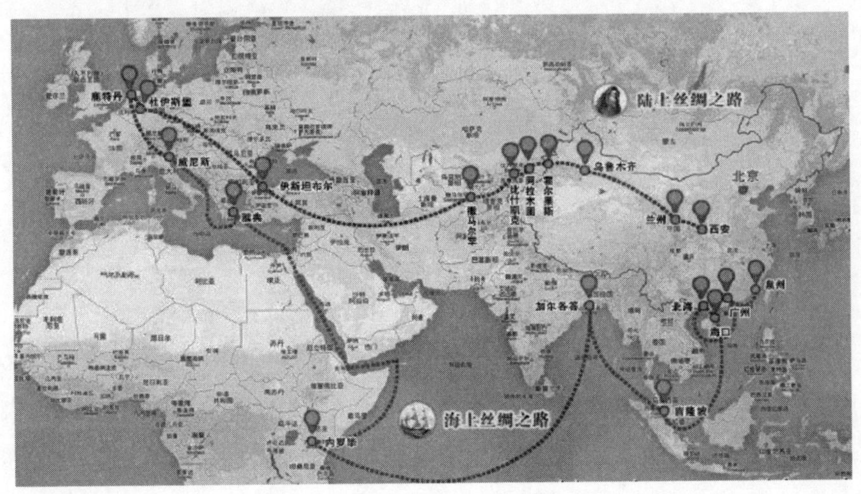

统筹东、中、西，运用全国之力建设丝绸之路经济带，是我国形成全方位开放新格局的重要基础。在“一带一路”战略中，西部地区是重要的直接利益攸关区域；中部地区是重大装备制造、综合物流、人才开发的后援基地和共同“走出去”基地；东部地区既是高端人才、先进技术、优质商品、现代服务和能力建设的重要策源地，又是离岸贸易、金融、投资、货币的重要运筹地。

“一带一路”沿线国家普遍处于经济发展的上升期，开展互利合作的前景广阔。深挖我国与沿线国家的合作潜力，必将提升新兴经济体和发展中国家在我国对外开放格局中的地位，促进我国中西部地区和沿边地区对外开放，推动东部沿海地区开放型经济率先转型升级，进而形成海陆统筹、东西互济、面向全球的开放新格局。

探究与共享

想一想，目前已经有了IMF、世界银行、亚洲开发银行等金融组织，我国为什么还要倡议成立亚洲基础设施投资银行？

亚洲基础设施投资银行

亚洲基础设施投资银行（AIIB），简称亚投行，是一个政府间性质的亚洲区域多边开发机构，重点支持基础设施建设，成立宗旨是促进亚洲区域的建设互联互通化和经济一体化的进程，并且加强中国及其他亚洲国家和地区的互相合作。总部设在北京。亚投行法定资本1 000亿美元。

2013年10月2日，习近平主席提出筹建倡议。2014年10月24日，包括中国、印度、新加坡等在内的21个首批意向创始成员国的财长和授权代表在北京签约，共同决定成立亚洲基础设施投资银行。

2015年6月29日，《亚洲基础设施投资银行协定》签署仪式在北京举行，亚投行57个意向创始成员国财长或授权代表出席了签署仪式，其中已通过国内审批程序的50个国家正式签署了该协定。各方商定于2015年年底之前，经合法数量的国家批准后，《亚洲基础设施投资银行协定》即告生效，亚投行正式成立。

话题二　走近多元化的国际政治舞台

随着经济的发展和科技的进步，各国之间的联系日益密切，相互依存的程度越来越高。由于各个国家的性质和追求的利益不同，执行的外交政策也各不相同，不同的国际组织也在国际舞台上扮演着不同的角色。国际形势不断变化，依旧存在着种种矛盾，我们要了解国际社会的现状，认识国际关系发展的趋势，坚持从中国人民的根本利益和各国人民的共同利益出发，正确处理面临的各种国际问题。

读一读

2010年1月12日海地大地震后，国际社会纷纷伸出援手：联合国安理会向联合国海地稳定特派团增派3 500人；世界银行向海地提供1亿美元紧急援助；驻海地红十字国际委员会紧急提供医疗等方面援助；欧盟承诺大幅增加对海地的各类援助。中国也积极参与海地震后救援工作，先后向海地提供了价值3 000万人民币的紧急救灾物资和360万美元现汇。

一、国际社会的主要成员：国际组织和主权国家

当代国际社会如一个大舞台，活跃在这个舞台上的不同角色，对国际社会产生着不同的影响。它们被统称为国际行为主体，它们之间的相互联系和相互作用构成了当今世界关系。

国际行为主体是能够独立参与国际事务，独立行使国际权利，承担国际责任与义务的实体。它主要包括主权国家和国际组织。其中主权国家是最基本的国际行为主体；世界组织是又一重要的行为主体，联合国是最大、最具普遍性的国际组织。

（一）主权国家

当代国际社会中，主权国家占据着支配地位，国际组织作为主权国家的派生物，也在国际舞台上扮演着重要角色。此外还有一些区域因不具有被国际社会承认的主权，被称为地区。

在国际社会中，主权国家是最基本的成员，是国际关系的主要参加者。主权国家具有不同的性质，而且经济政治发展的程度各不相同。美国是当今唯一的超级大国。英国、德国、法国、日本等国家因为经济相对发达，被称为发达国家。还有一些国家由于在经济等方面和发达国家有一定的差距，被称为发展中国家，如大部分亚洲、非洲、拉丁美洲国家都是发展中国家。中国也是发展中国家。

主权国家是政治国家和民族国家的统合体，是国际社会最基本的单位和实体，是国际事务的重要参与者。

1. 主权国家的四要素

作为国际社会最基本的主权国家，必须具备四个基本要素：固定的领土、定居的居民、统一的政权和国家主权。

固定的领土包括国家的领土、领海、领空。领土是一个国家居民生存和发展的依托，是国家主权活动的空间。没有领土，国家就失去了存在的依据。

一定数量的定居的居民是国家的基本要素。世界上没有一个无人口的国家。经常在不同国家迁徙的人群，不能成为主权国家的构成要素。

统一的政权，就是我们常说的政府，是国家的组织形式，是行使国家对内对外职能的机构。没有政权的国家是不存在的。

国家主权，指一个国家独立地处理自己的对内对外事务的最高权力。

人口、领土、政权和主权是构成主权国家的基本要素，其中最重要的是主权。主权作为国家的最高权力，是一个国家的根本。

2. 主权国家在国际社会中享有的基本权利

（1）独立权。独立权是指主权国家拥有按照自己的意志处理内政、外交事务而不受他国控制和干涉的权利，包括政治上的独立权和经济上的独立权，具体表现在一国可以自由修改宪法、变更政体、确定经济体制、缔结条约、进行自卫战争等。

（2）平等权。平等权是指一切国家不论大小、强弱，也不论政治、经济、意识形态和社会制度有何差异，在国际法上的地位一律平等；每一个国家在国际会议上享有一个投票权，任何国家都不得以任何方式强迫他国接受自己的意志；在外交上有使用本国语言文字的权利等。

（3）自卫权。自卫权是指国家保卫自己生存和独立的权利，包括防御权和自卫权两方面。防御权，即国家使用自己的一切力量进行国防建设、建立军队、构筑要塞等，以防外敌侵犯；自卫权，即当国家受到外国攻击时有权进行自卫等。

（4）管辖权。管辖权是指国家对其领域内的一切人、物和事件拥有管辖的权力。管辖权是国家主权的具体体现。管辖权对人的管理包括对居住在国外的侨民的管理，对物的管理包括对驻外使馆的管理等。

3. 主权国家的基本义务

在当代国际社会中，享有独立权、平等权、自卫权、管辖权等基本权利的主权国家，应履行不侵犯别国，不干涉他国内政、外交，以和平方式解决国际争端的义务。权利和义务是统一的，没有无权利的义务，也没有无义务的权利。若不承担国际义务，就难以融入国际社会享受国际权利，也会受到国际社会的谴责。

读一读

世界上最小的主权国家

梵蒂冈城国简称梵蒂冈，是当今世界上最小的国家，是欧洲一个独立的主权国家，位于意大利首都罗马西北角一块呈三角形的高地上。它地处台伯河右岸，以四周城墙为国界。简言之，城，是梵蒂冈的首都，亦即国家，故曰“城国”。面积0.44平方千米，国中宫院、教堂、图书馆、邮局、电台、火车站等设施一应俱全。

梵蒂冈实质上是坐落在意大利境内的“国中之国”，和其他所有国家不同的是，这个国家境内没有田野，没有农业，没有工业，没有矿产资源。国民的生产生活必需品，譬如自来水、电力、食品、燃料等统统由意大利供给。梵蒂冈建有火车站，通过862米长的铁路连接罗马城。这个国家没有军队，仅有寥寥无几的警卫在负责国家的安全和保卫教皇。

（二）国际组织

国际组织是由一些国家、地区或民间团体出于特定的目的，通过签订国际条约或协议的方式建立起来的有一定规章制度的团体组织。其主要机构、职权、活动程序以及成员单位的权利与义务，都以正式条约或协议为依据。

国际组织是国际社会的主要成员，种类很多，规模不一。我们比较熟悉的国际组织有联合国、欧洲联盟、国际奥林匹克委员会、东南亚国家联盟、非洲联盟等。

东南亚国家联盟

非洲联盟

世界贸易组织

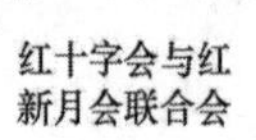

红十字会与红新月会联合会

国际足联

1. 国际组织的分类

当代国际组织按基本性质和活动范围，大致可分为一般政治性国际组织与专门性国际组织两类。一般政治性国际组织有较广泛的权限，从事政治、经济、社会等各方面的活动，如联合国、非洲统一组织、欧洲联盟等。专门性国际组织也称非政府国际组织，则只具有较专门的权限，仅就某一特定业务进行活动，如万国邮政联盟、国际海事组织、世界气象组织等。第二次世界大战以后，国际组织发展很快。依据《联合国宪章》第57条，当前与联合国发生关系的政府间国际组织有17个，称为“专门机构”。它们通过联合国经济及社会理事会的协调机构同联合国合作并彼此合作。按其组织的地域特点，国际组织又可分为世界性的与区域性的两类。世界性国际组织对一切国家开放，如联合国、世界卫生组织等。区域性国际组织则只由某一区域的国家参加，并且其职权也以该区域为限。如非洲统一组织、美洲国家组织、东南亚国家联盟等。

世界卫生组织（WHO）

国际组织中还有一种特殊类型，即国际经济组织。它们是国家间经济交流与合作的一种组织形式。如西非经济共同体、石油输出国组织、可可生产者联盟等国际经济组织，对协调各成员国间的经济政策、维护民族经济权益、保护国家资源以及对国际经济的发展，都具有重要意义。

读一读

2009年在欧洲主权债务危机爆发后，为了保持稳定的国际金融秩序，IMF适时介入欧洲，希腊成为历史上第一个正式接受IMF救援的欧元区成员国。公允地说，在希腊危机中IMF起到了积极作用，在希腊是否符合贷款条件的判定方面，采取了务实的灵活标准，为希腊争取了调整时间。IMF发挥着最后贷款人的作用，对于缓解各国的国际支付危机至关重要，是当前国际上不可或缺的多边安排。

各个国际组织宗旨各不相同，职能各异，性质和作用也不相同，对每个国际组织的作用要做具体分析。有的国际组织受某些大国控制。许多政府间的国际组织在国际社会中发挥着重要作用，如促进国家之间的政治、经济、文化、科学技术的交流与合作，协调国际政治、经济关系，调解国际争端，缓解国家间的矛盾，维护世界和平，等等。

2. 联合国

联合国是世界人民反法西斯斗争胜利的产物，截至2012年年末，共有193个会员国，2个观察员国（梵蒂冈和巴勒斯坦）。联合国已经成为当代国际社会最具代表性的世界性的政府间国际组织。

联合国

读一读

联合国的徽标是一个橄榄枝围绕着以北极为中心投影的世界地图的图案。联合国旗帜的底色为浅蓝色，正中的图案是一个白色的联合国徽标。1945年，美国战略服务处为在旧金山召开的“联合国家国际组织会议”设计了一枚联合国“国徽”。整个徽标是一幅以北极为中心、方位角等距离的世界地图投影平面图。地图上的陆地为淡蓝色，水域为白色，其8条经线延伸至南纬60°，纬线由5个同心圆表示。图案由两根交叉的金色橄榄枝组成的花环相托，象征世界和平。

联合国这一名称是美国总统罗斯福提出的。1942年1月1日，正在对德国、意大利、日本法西斯作战的中国、美国、英国、苏联等26国代表在华盛顿发表了《联合国家宣言》。1945年4月25日，来自50个国家的代表在美国旧金山召开联合国国际组织会议。6月26日，50个国家的代表签署了《联合国宪章》，后又有波兰补签。同年10月24日，中、法、苏、英、美和其他多数签字国递交了批准书后，宪章开始生效，联合国正式成立。1947年，联合国大会决定，10月24日为联合国日。1946年1月10日至2月14日，第一届联合国大会第一阶段会议在伦敦举行。51个创始会员国的代表参加了这次会议，联合国组织系统正式开始运作。

《联合国宪章》规定，联合国的宗旨是维护国际和平与安全；发展国际以尊重各国人民平等权利及自决原则为基础的友好关系；进行国际合作，以解决国际经济、社会、文化和人道主义性质的问题，促进对全人类的人权和基本自由的尊重。简单地说，联合国的宗旨就是维护国际和平与安全，促进国际合作与发展。

联合国的原则是：各会员国主权平等；以和平方式解决国际争端，不应危及和平、安全和正义；在国际关系中不得对其他国家进行威胁或使用武力；不干涉任何国家的内政。

几十年来，联合国历经国际风云变幻，在曲折的道路上成长壮大，为人类的和平与繁荣作出了重要贡献。它在实现全球非殖民化、维护世界和平和安全、促进社会和经济发展等方面取得了令人瞩目的成就。据联合国公布的资料，1948年以来，安理会共授权进行了60余项维和行动。另外，联合国还先后组织制定了从不扩散核武器到和平利用外层空间等数百个国际条约。自从20世纪60年代以来，大批新独立的国家先后加入联合国，这对联合国的地位和作用的变化产生了深远的影响。联合国在维护世界和平与安全，促进经济、社会的发展，以及实行人道主义援助等方面发挥着积极作用。但是联合国如何在国际事务中发挥更大的作用，还面临诸多挑战，任重道远。

中国是联合国的坚定支持者，作为联合国的创始会员国和安理会常任理事国，中国始终坚持在和平共处五项原则基础上同世界各国建立和发展友好关系，积极参加联合国各领域的活动，支持联合国为维护和平、促进发展发挥核心作用。几十年来，中国以实际行动履行了对《联合国宪章》的承诺。

1971年10月25日，第26届联合国大会以压倒多数通过决议，恢复中华人民共和国在联合国的一切合法权利，并立即把台湾当局的代表从联合国组织及其所属一切机构中所非法占据的席位上驱逐出去。这是第26届联合国大会召开时的资料照片。

新中国成立后，中国积极支持第三世界国家争取民族独立和发展经济，在广大亚非拉国家中广交朋友。此外，中国独立自主的和平外交政策也赢得了国际社会大多数国家的理解和支持。这些努力巩固和提高了中国在联合国和国际社会的重要地位。

中国与联合国的关系经历了曲折的过程。尽管是联合国的创始国，但1949年新中国成立时，由于美国等西方国家的阻挠，被排除在联合国之外。这种不正常现象持续了20多年，一直到1971年，经过中国自身坚持不懈的斗争和世界主持正义的国家，特别是第三世界国家的支持，中华人民共和国才恢复了在联合国的合法席位和权利。

中国代表团笑逐颜开。左为中国外交部副部长乔冠华，右为中国常驻联合国代表黄华。

中国参与联合国事务也经历了一个由不活跃到活跃的过程。中国刚恢复席位时，由于对多边外交未形成明确认识，对联合国的有些问题采取了回避的态度。随着中国对联合国了解的增多和改革开放政策的实施，中国越来越重视多边外交，对联合国事务的参与日趋积极和深化，目前，中国已积极参与到联合国维和、发展、人权、裁军、环保等各个领域的活动中。

在维和方面，多年来中国为在联合国框架内妥善解决柬埔寨、伊拉克以及中东、非洲等国家和地区的热点问题发挥了建设性作用。中国参加联合国维和行动，是安理会5个常任理事国中派遣维和人员最多的国家。

在发展方面，20世纪90年代以来，联合国举办了一系列有关发展问题的重要会议。中国通过“77国集团+中国”机制，与发展中国家一起提出了许多有利于实现共同发展的合理主张和要求，并已不同程度地反映到联合国的有关文件、决议和行动中。在包括中国在内的广大发展中国家努力下，联合国千年首脑会议确定的千年发展目标，已经成为推动全球发展的重要努力方向。

此外，中国还广泛参与联合国有关社会领域的活动，积极推动在预防犯罪、社会、科技、文化、卫生、禁毒等领域的国家交流与合作。

二、丰富多彩的国际交往

想一想

巴基斯坦为何从接近美国到更紧密地与中国合作？

中国与巴基斯坦接壤边界只有约600千米，但却是“最铁”的邻国。中巴关系被一系列美好的语言所形容，诸如“铁哥们”“全天候友谊”“比喜马拉雅山更高，比海更深”“比蜜甜”，等等。但是回顾历史，在那个结盟的年代，中国和巴基斯坦并不属于同一个阵营。特别是在20世纪50年代，巴基斯坦在朝鲜战争问题上、在恢复中国的联合国合法席位问题上亦步亦趋追随美国。后来，由于中国和印度关系趋冷，美国便趁机拉拢印度遏制中国。在这个过程中，美国的策略是重印轻巴，而印巴分治以后，印度和巴基斯坦一直是相互较量的两个国家。美国的这一做法显然不符合巴基斯坦的国家利益，于是巴基斯坦逐步开始和周边其他国家加强联系。近年来，中国向巴基斯坦投入数百亿美元的基础设施和能源开发资金，特别是中巴经济走廊计划结束了巴基斯坦长期的能源危机，并推动巴成为该地区的经济中心。巴基斯坦政府和人民看到了中国真诚的合作共赢的态度，于是跟中国结成了更加紧密的友好关系。相比之下，巴基斯坦的老牌盟友美国在巴基斯坦的影响力日渐式微。

（一）国际关系及其决定因素

国家之间、国际组织之间以及国家和国际组织之间的关系，是我们通常说的国际关系。其中，最主要的是国家与国家之间的关系。

国际关系的内容是多方面的，有政治关系、经济关系、文化关系、军事关系等。在国际关系中有竞争、有合作，在竞争中合作、在合作中竞争乃至冲突是其基本的表现形式。国家之间为什么出现分离聚合、亲疏冷热的复杂关系？这里面有很多因素，包括政治、经济、文化、历史、地理等各个方面。在各种因素中，国家利益是起决定性作用的因素。

由于各国间存在着复杂的利益关系，既存在某些共同的利益，也存在利益的差别和对立。国家间的共同利益是国家合作的基础，而利益的对立则可能引发分歧、摩擦乃至冲突。由于各国的国家性质与追求的利益不同，对外政策不同，国家间矛盾和利益交织，使国际关系纷繁复杂。因此，国际社会需要协调各国的利益，处理好国家间的矛盾，以促进国际关系的健康发展。

任何国家都不应以维护本国国家利益为理由，侵犯别国的主权和安全，干涉别国的内政。侵犯别国主权、干涉别国内政的行为，是非正义的、错误的，应当受到谴责和反对。从根本的、长远的观点看，这样的行为也会损害本国利益。

国家力量是影响国际关系的重要因素。国家力量又称为国家实力、综合国力。它是主权国家赖以存在和发展的基础，是捍卫本国利益、实现国家目标和参与国际事务的能力，是衡量一个国家在国际社会上的地位、作用和影响的重要标志。

（二）坚定地维护我国的利益

我国的国家利益主要包括：安全利益，如国家的统一、独立、主权和领土（包括领海、领空）完整不受侵犯；政治利益，如我国政治、经济、文化等制度的巩固；经济利益，如我国资源利用的效益、经济活动的利益和国家物质基础的增强等。

在当代国际社会中，中国坚定地维护自己的国家利益。我国是人民当家做主的社会主义国家，国家利益与人民的根本利益相一致。维护我国的国家利益就是维护广大人民的根本利益，具有正当性和正义性。

话题三　建设和谐世界促进共同发展

当今世界，热点地区冲突频发，各种矛盾关系错综复杂，恐怖主义势力不断威胁着世界的安全。敌对势力对我国的西化、分化的战略图谋没有改变。

当然，和平与发展仍然是时代的主题，世界的多极化在曲折中发展，综合国力的竞争更加激烈。

我国仍然面临着发达国家在经济、科技等方面占优势的压力，特别是我国的和平崛起还遭到许多国家的敌视。我们要居安思危，奋发图强，为实现中华民族的伟大复兴、实现中国梦以及为世界的和平发展多作贡献。

一、和平与发展是时代的主题

想一想

诺贝尔和平奖最年轻的得主——马拉拉

16岁的马拉拉·优素福·扎伊，是巴基斯坦斯瓦特河谷地区的一名普通女孩，因为倡导女性受教育的权利，2012年10月遭到塔利班暗杀，险些丧命。为表彰马拉拉不畏塔利班威胁、积极为巴基斯坦女童争取受教育权利所作出的杰出贡献，联合国将每年的7月12日定为“马拉拉日”。2014年10月马拉拉与凯拉什·萨蒂亚尔希共同获得2014年诺贝尔和平奖。

（一）和平与发展是人类共同的梦想

第二次世界大战以后，国际环境相对和平，世界经济迅猛发展。战后的50多年，世界生产总值增长超过10倍，世界各国之间的经济合作日益紧密，地区之间的合作也成为主要的方式。邓小平根据世界形势的变化，提出“和平与发展是当代世界的两大主题”。这是他从错综复杂、瞬息万变的国际关系中，抓住了制约、影响其他矛盾的主要矛盾而得出的结论。他谈到一个是和平问题，一个是发展问题。和平与发展反映了当今世界形势发展的大趋势，也反映了全人类的共同利益和迫切希望。但是20世纪90年代，国际形势发生了急剧而深刻的变化。两极格局终结，各种力量重新分化组合，世界进入了新旧格局转换的过渡时期，多极化趋势继续发展。

和平与发展仍然是当今世界各国面临的两大问题。

1. 和平问题

和平问题是指维护世界和平、防止新的世界战争的问题。世界和平是人类社会存在和发展的基本条件，是各国经济发展和其他全球性问题得以解决的必要前提。经过两次世界大战之后，世界要和平，国家要发展，社会要进步，经济要繁荣，生活要提高，已成为世界各国人民的普遍要求，避免新的世界大战是可能的。但“冷战”思维依然存在，霸权主义和强权政治仍然是威胁世界和平与稳定的主要根源。不公正、不合理的国际经济旧秩序严重损害发展中国家的利益。

借口“人权”等问题，以政治、军事、经济手段干涉他国内政的现象还很严重。民族矛盾、宗教矛盾、边界领土争端等因素引发的局部冲突此起彼伏。西方国家插手和利用这些纷争，使问题更加复杂化。各种形式的恐怖活动威胁着人们的生活，贫困、毒品等问题更加突出。总体和平、局部战乱，总体缓和、局部紧张，总体稳定、局部动荡，仍是国际局势发展的基本态势。世界人民还面临着争取和维护世界持久和平的艰巨任务。

2. 发展问题

发展问题是指世界经济的发展，特别是发展中国家经济的发展问题。

第二次世界大战结束以来，在相对和平的国际环境中，世界经济发展的规模和速度超过了以往任何历史时期。经济全球化、注重经济发展质量、重视知识经济和可持续发展等日益受到关注。追求发展成为时代的主流。但当今世界贫富悬殊，发展中国家和发达国家之间的贫富差距越来越大，发展中国家比较普遍地存在落后、贫困、危机和债务问题，不公正、不合理的国际经济旧秩序还在损害着发展中国家的利益。

3. 维护和平、促进发展的有效途径

在当代，霸权主义和强权政治的存在是解决世界和平与发展问题的主要障碍。因此，世界的和平与发展这两大问题至今一个也没有解决。为了和平与发展，必须坚决地反对霸权主义和强权政治，改变旧的国际秩序，建立以和平共处五项原则为基础的有利于世界和平与发展的国际新秩序。

建立国际新秩序，就要保障各国享有平等参与国际事务的权利，保障各个国家和民族的各种文明共同发展。中国政府多次声明，愿意同各国政府一道为建立公正、合理的国际政治经济新秩序而努力。

读一读

为国际政治新秩序注入中国智慧

面对风云变幻的国际和地区形势，习近平倡导“共同营造对亚洲、对世界都更为有利的地区秩序，通过迈向亚洲命运共同体，推动建设人类命运共同体”。

在“迈向命运共同体”的主题引领下，习近平提出“四个坚持”，为新型国际关系和国际政治新秩序注入“中国智慧”。

政治观：迈向命运共同体，必须坚持各国相互尊重、平等相待。

合作观：迈向命运共同体，必须坚持合作共赢、共同发展。

安全观：迈向命运共同体，必须坚持实现共同、综合、合作、可持续的安全。

文明观：迈向命运共同体，必须坚持不同文明兼容并蓄、交流互鉴。

	成员国（6个）	观察员国（6个）	对话伙伴（6个）
上海合作组织	中国、俄罗斯、哈萨克斯坦、吉尔吉斯斯坦、塔吉克斯坦、乌兹别克斯坦	阿富汗、印度、伊朗、蒙古、巴基斯坦、白俄罗斯	土耳其、斯里兰卡、阿塞拜疆、亚美尼亚、柬埔寨、尼泊尔

（二）世界多极化的发展趋势和发展的曲折性

世界多极化作为一种历史趋势，大体上是在20世纪90年代才出现的。众所周知，“二战”结束后，以雅尔塔体系为标志形成两极格局：一边是以苏联为首的社会主义阵营，另一边是以美国为首的西方国家阵营。两大阵营之间的矛盾成为世界的主要矛盾。从20世纪60年代起，世界范围的民族解放运动风起云涌，一些亚非国家纷纷独立，两大阵营内部一些国家不满超级大国的控制，表现出强烈的独立自主倾向，阵营内部出现裂痕乃至冲突催生了世界多极化的萌芽。

20世纪90年代，东欧剧变，苏联解体，两极格局宣告结束，世界多极化趋势跃然而出。

目前，世界正在形成若干个政治经济中心。美国、欧盟、俄罗斯、中国、日本等大国和国际组织在国际社会中扮演着重要角色。世界力量的组合和利益的分配正在发生深刻变化。但不公正不合理的国际政治经济旧秩序没有根本改变，影响和平与发展的不确定因素在增长，特别是2001年美国发生“9・11”事件后，世界上的不安定因素骤然增加，国际局势呈现出一系列新的特点。

广大发展中国家是反对霸权主义和强权政治、促进世界和平与发展的重要力量，是推动建立公正、合理的国际政治经济新秩序的主力军。

读一读

上海合作组织的诞生，为各成员国在安全领域的合作奠定了坚实的法律基础和全面的合作机制，有利于各成员国合作打击分裂势力、恐怖势力和极端势力这“三股势力”，并在共同的利益和目标下，防止外来势力渗透和插手各国内部事务，共同维护本地区的安全和稳定。

由于上海合作组织各成员国之间在经贸领域互利合作的潜力巨大，各成员国在互利合作中可获得经济的繁荣和国力的提升，有利于维护国际战略平衡、促进多极化和世界和平的发展。

上海合作组织的成立，不仅具有重大的国际政治意义，而且具有特殊的经济意义。它意味着中国在具有实质意义的国际性组织中，展现出自己的主动性和主导性，它的成立也表明中国经济实力已达到相当水准，对其他国家具备较强的吸引力。

（三）抓住机遇迎接挑战

世界格局的变化，各国目标的调整，形成了国家间既合作又竞争的局面。要对话与合作，不要对抗与冲突，已经成为越来越多国家的共识。各国人民要求友好相处的呼声日益高涨。国家间在加强合作的同时，竞争也在加剧。国际竞争表现在各个领域，有经济竞争、文化竞争、军备竞争、人才竞争、科技竞争等。当前国际竞争的实质是以经济和科技实力为基础的综合国力的较量，发展经济和科学技术是世界大多数国家关心的问题，各国之间的竞争也越来越多地转向经济和科技领域。世界多数国家都以发展经济和科技作为国家的战略重点，努力增强自己的综合国力，力图在世界格局中占据有利地位。

我们要大力加快我国社会主义现代化建设进程，全面建设惠及十几亿人口的更高水平的小康社会，增强国家实力，实现跨越式发展，尤其要着力发展科学技术和提高国民素质，增强综合国力，积极参与国际合作与竞争。

二、我国的和平外交政策

外交政策是指主权国家在对外交往活动中，为贯彻一定时期的国家战略而制定的在外交工作中必须遵循的基本行动准则。新中国的成立和社会主义制度的建立，消除了我国百年来屈从于外国侵略、奴役的社会根源。我国正在进行的社会主义现代化建设亟须和平的国际环境，我们绝不允许别国侵犯我国的国家利益、主权和领土，我国也绝不侵犯别国的利益、主权和领土。我国奉行独立自主的和平外交政策，将始终不渝地维护国家和民族的最高利益，走和平发展道路。在国际交往中，奉行互相尊重主权和领土完整、互不侵犯、互不干涉内政、平等互利、和平共处的五项原则，推动建设持久和平、共同繁荣的和谐世界。

独立自主是我国外交政策的基本立场，在国际事务中坚决捍卫国家的独立、主权和领土完整，依据有关国际法准则自主地决定自己的态度和采取的对策。在涉及民族尊严和国家利益的问题上，绝不屈服于任何外来压力，绝不允许别国以任何借口侵犯我国主权，干涉我国内政。

（一）新中国的外交成果

新中国建立以来，在外交领域取得了令人瞩目的成就。新中国成立之初，中国人民政治协商会议通过的具有临时宪法作用的《中国人民政治协商会议共同纲领》规定了我国外交政策的基本原则，毛泽东形象称其为“另起炉灶”“打扫干净屋子再请客”“一边倒”。“另起炉灶”就是与旧中国“屈辱外交”彻底决裂，建立新的外交关系；“打扫干净屋子再请客”就是取消一切不平等条约，在新的基础上同各国建立外交关系；“一边倒”就是坚定地站在社会主义国家一边。中国外交的崭新篇章由此翻开。

周恩来总理1953年12月底在会见来访的印度代表团时提出并系统地阐述了和平共处五项原则，并以此作为我国对外关系的基本原则。和平共处五项原则的内容是：互相尊重主权和领土完整、互不侵犯、互不干涉内政、平等互利、和平共处。

和平共处五项原则已逐步为世界大多数国家所接受，不仅在各国大量的双边条约中得到体现，而且被许多国际多边条约和国际文献所确认。1970年第25届联大通过的《关于各国依联合国宪章建立友好关系及合作的国际法原则宣言》

和1974年第6届特别联大《关于建立新的国际经济秩序宣言》，都明确把和平共处五项原则包括在内。

60年来，和平共处五项原则经受了国际风云变幻的考验，在促进世界和平与国际友好合作方面发挥了巨大作用。后来随着1964年中法建交，中国打开了同西方国家建交的大门；1971年中华人民共和国恢复了在联合国的合法席位；1972年美国总统尼克松访华，签署了中美联合公报。在这五项原则的基础上，中国与绝大多数邻国解决了历史遗留的边界问题，与世界上166个国家建立了外交关系。

党的十一届三中全会以后，根据国际形势的变化，邓小平提出和平与发展是当代世界面临的两大主题的科学论断，我国外交战略进行了重大调整，我国独立自主的和平外交政策更加成熟和完善。我国对外活动进入了更为活跃的时期。

党的十八大报告对中国外交战略作了系统深入的分析和判断，提出"综观国际国内大势，我国发展仍处于可以大有作为的重要战略机遇期"，当今世界是一个你中有我、我中有你的"人类命运共同体"，"和平发展是中国特色社会主义的必然选择"，为新时期中国外交规划了路线图，指明了前进方向。

（二）党的十八大以来我国外交工作取得重大成就

党的十八大以来，我国外交工作认真贯彻习近平外交思想，从容应对国际风云变幻，坚定维护主权、安全和国家利益，在国际和地区事务中切实发挥负责任大国作用，积极为实现中华民族伟大复兴的中国梦营造有利的外部环境，取得了一系列重大成就，展现出鲜明特色和旺盛活力。

1. 为加强国际合作提出中国倡议

习近平主席提出建设丝绸之路经济带和21世纪海上丝绸之路的重大倡议，成为新形势下我国推进对外合作的总体构想。"一带一路"遵循共商、共建、共享原则，得到沿线近60个国家的积极响应，为欧亚大陆的振兴开辟了新的广阔前景。习近平主席提出建设"发展创新、增长联动、利益融合的世界经济"新理念，呼吁各国共同维护和发展开放型世界经济，受到国际社会普遍好评。习近平主席倡导建立互信、包容、合作、共赢的亚太伙伴关系，实现共同发展、繁荣和进步的亚太梦想，各方一致同意启动亚太自贸区进程，在推动亚太合作进程中描述了美好的前景。

2. 为深化全方位对外交往开展中国实践

党的十八大以来，习近平主席出席了众多国际重要活动，适时地出访有关国家和国际组织，实现了对五大洲不同类型国家高层交往的全覆盖。中国践行亲诚惠容的周边外交理念，与周边国家全面展开各层次、各领域交流，彼此利益融合不断深化，相互理解逐步加深。中国积极构建健康稳定的大国关系框架，中美达成了共同推进新型大国关系的重要共识，中俄关系始终保持高水平运行，中欧决定共同打造和平、增长、改革、文明四大伙伴关系。中国贯彻真实亲诚的理念，同非洲、拉美、阿拉伯和南太平洋等地区的发展中国家的友好合作关系全面提升。

3. 为促进世界共同发展作出中国贡献

中国经济长期保持中高速增长、发展迈向中高端，为世界特别是亚洲经济提供了有力支撑；全面深化改革，实施新一轮高水平对外开放，为世界发展提供了新的机遇；金砖国家开发银行和应急储备安排、亚洲基础设施投资银行、丝路基金筹建迈出实质性步伐；中蒙、中泰铁路等基础设施互联互通合作取得积极进展；我国同有关国家自贸谈判取得重要突破，都为地区和世界各国共同发展注入了强劲动力。

4. 为解决热点和全球性问题发挥中国作用

在乌克兰、叙利亚、伊朗、巴以、阿富汗、朝鲜半岛、南苏丹等热点问题上，中国秉持客观公正立场，积极劝和促谈，为推动有关政治解决进程发挥了重要建设性作用。中国第一时间向暴发埃博拉疫情的非洲国家伸出援手，提供总计7.5亿元人民币的援助，派出1 000多人（次）医疗人员赶赴疫情国家参与救援，在疫区援建治疗中心，赢得国际社会广泛赞誉。中美共同宣布2020年后应对气候变化的行动目标，并在2016年9月召开的G20峰会上共同向联合国提交了承诺方案，在国际上产生巨大示范效应。

中国外交政策的实践充分说明：中国是维护世界和平稳定和促进世界经济发展的积极因素和重要力量，在国际事务中发挥着重要的影响和作用。中国外交正在谱写着维护世界和平、促进共同发展的新篇章。